손각시

성별 여자

나이 시집 갈 나이

패션 아이템 소복, 긴 머리에 소복을 입어 가끔 측간 귀신과 헷갈리기도 하지만 입가에 흘린 피로 구분 가능

성격 한이 맺혀 죽은 원귀이므로 화가 많음

특징 미모가 뛰어나고 결혼할 나이가 된 남자를 괴롭힘

전투력 ★★★★★

특기 손톱으로 할퀴기, 소리 질러 겁주기, 공중 부양

별명 처녀 귀신

간단한 자기소개

나는 손각시라고 해. 결혼도 안 했고, 젊은 나이에 죽어서 처녀 귀신이라고 부르지. 내가 바로 우리나라 대표 얼짱 귀신이자 가장 무서운 귀신이라고 할 수 있단다. 호호호호! 그만 웃으라고? 웃음소리가 더 무섭다고?

성별	여자가 많으나 가끔 남자로 둔갑해 나타나기도 함
나이	1,000살 이상
패션 아이템	여우 구슬과 아홉 개의 은빛 꼬리
성격	끈기가 있고 목표를 이루기 위해 물불을 가리지 않음
특징	500년을 수행할 때 마다 꼬리가 갈라져 아홉 개가 되면 영원히 사는 존재가 된다.
전투력	★★★★★
특기	변신술
약점	사냥꾼, 사냥개

간단한 자기소개

내 이름은 구미호. 꼬리가 아홉 개 달린 여우라는 뜻이지. 내가 사람의 간을 100개 먹어야 사람이 된다고, 남자들을 홀려 간을 빼 먹었다는 이야기 때문에 나를 몹쓸 귀신이라고 생각하고 있지? 그런 헛소문은 잊어 줘.

이무기

나이	약 1,000살
외모특징	거대한 뱀의 모습을 하고 있지만 귀가 있음
성격	용이 되지 못한 까닭에 화를 자주 냄
특징	호수나 강, 연못 등에 살면서 물고기들의 왕 노릇을 함
전투력	★★
특기	무엇이든 삼켜 해치움
별명	이시미
약점	자라를 무서워한다.

간단한 자기소개

나는 이무기라고 해. 999년 동안 얼음처럼 차가운 물속에서 살면서 용이 되려던 귀하신 몸인데, 그만 한 가지 실수를 하는 바람에 용이 될 기회를 잃고 이무기가 되었어. 지금 생각하니 또 화가 나네. 내 이야기를 더 듣고 싶으면 뭐 삼켜 버릴 만한 것 좀 던져 줄래? 난 화가 나면 뭐든 집어 삼키거든.

도깨비

성별	남
나이	헤아릴 수 없이 많다고 함
패션 아이템	도깨비 방망이와 감투, 백 만년 입은 팬티
성격	노래와 춤을 좋아하며 흥이 많고 장난을 좋아하는 성격
특징	돈은 많으나 건망증이 심함
전투력	★★★
특기	씨름
전신	빗자루, 부지깽이, 짚신, 기타 등등
별명	김서방, 도채비, 독갑이, 돗가비 등

간단한 자기소개

나는 너희가 잘 알고 있는 도깨비야. 아이들에게 도깨비 그림을 그리라고 하면 뿔 달리고 호피무늬 옷을 입은 도깨비를 그리는데, 그건 한국의 도깨비가 아니고 일본의 오니라고 하는 요괴의 모습에 가까워. 우리 전통 도깨비들은 그냥 덩치 크고 인심 좋아 보이는 동네 아저씨처럼 생겼다고.

귀신
쌋나락 까먹는
무서운 이야기

신기방기
전통문화
풍속과 신앙

귀신 쌋나락 까먹는 무서운 이야기

글 정윤경 | 그림 최선혜

분홍고래

이 책을 읽는 친구들에게

　내가 어릴 적 아이들이 무서워서 오줌을 지렸던 공포의 말이 있었어.
　"빨간 휴지 줄까? 파란 휴지 줄까?"
　바로 이 말인데 색깔 휴지를 준다는 것이 뭐가 무서웠을까?
　옛날에는 화장실이 집 밖에 있었어. 재래식 화장실이라고 부르던 옛날 화장실에는 머리를 길게 늘어뜨린 무서운 귀신이 살아서 밤에 용변을 보러 가면 이렇게 물어본다는 괴소문이 마치 전설처럼 아이들 사이를 떠돌았단다.
　그 시절 어린이들은 밤에 화장실이 급해도 귀신이 무서워 꾹 참다가 이불에 오줌을 싸곤 했는데, 지금 생각하면 말도 안 되는 옛날이야기 같지?
　그뿐이 아니야. 밤이 되면 교실에 나타나는 귀신 이야기, 아무도 없는 운동장을 뛰어다닌다는 동상 이야기, 학교 보안관 아저씨들이 한 마리씩은 잡았다는 용 이야기 등 학교 괴담도 아이들을 공포로 몰아넣었지.

요즘 어린이는 귀신하면 어떤 생각이 들까? 소복 입고 머리를 길게 늘어뜨린 귀신은 좀 시시해 보이고 외국의 좀비나 전화를 걸면 받는다는 일본의 모모 귀신은 무섭다고 느끼니?

하지만 귀신이라고 다 같은 귀신이 아니야. 불쑥 나타나 사람을 괴롭히는 외국 귀신과는 달리 우리 귀신에게는 억울하고 처절한 사연이 있었고 우리 조상들과 부대끼며 살아온 역사가 있었거든.

우리 조상들은 생각보다 귀신과 가까운 삶을 살았어. 귀신을 막거나 피하려고 굿을 하기도 했지만 슬플 때나 기쁠 때, 또는 무엇인가 간절히 원할 때도 귀신을 불렀거든.

세월이 흐르고 시대가 변하면서 아이들이 떠올리는 귀신은 달라졌을지 몰라도, 무서운 이야기를 좋아하는 아이들의 마음은 변함이 없을 거야.

서점에 가면 귀신이나 요괴, 괴물 이야기책은 많아. 하지만 이 책은 조금 달라. 이 책은 아무 근거 없이 꾸며 낸 이야기가 아니라 역사 속에 기록된 귀신 이야기, 우리 조상들과 함께 살았던 귀신 이야기야. 이 책을 쓰려고 준비하면서 기대했던 것보다 더 재미있고 다양한 우리 귀신을 만날 수 있어서 좋았어. 그런데 그 이야기를 다

담을 수 없어서 무척 아쉬워.

　자, 지금부터 내가 만난 귀신을 너희에게도 소개해 줄게.

　머리털이 쭈뼛 서고 뒤통수가 서늘해지는 별별 귀신을 만나다 보면 우리 조상들의 생활 모습과 생각, 무시무시한 귀신들의 손에 바뀌게 된 놀랍고 재미있는 역사 이야기에 흠뻑 빠지게 될 거야.

　겁이 많아서 귀신을 무서워하는 친구가 있다면 조심해! 무서워서 움켜잡은 배꼽이 재미있어서 떨어져 나간 것도 모르게 될 테니까. 하하하!

삼각산 자락에서
정윤경

이 책을 읽는 친구들에게 … 004

제1장
으스스 오싹오싹 우리나라 전통 귀신

무덤이 반으로 갈라지는 무시무시한 이야기 … 013
처녀 귀신의 소복에 숨겨진 비밀 … 016
우리나라 전통 귀신은 어떤 모습일까? … 021

제2장
과학에 씌운 귀신 이야기

번갯불을 잡아먹고 달리는 전차 귀신 … 030
전기 귀신님 살려 주시오! … 036
전봇대 귀신이 나타났다! … 043
귀신과 통화하는 방 … 046
늦은 밤 운동장을 뛰어다니는 학교 귀신 … 052
홍콩 할매를 조심해! … 055

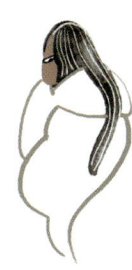

제3장
귀신 씻나락 까먹는 이야기

귀신 피하려다 호랑이 만난다 ··· 060

호랑이를 위하여 창귀가 되다 ··· 068

송도 말년의 불가사리 ··· 072

강철이 가는 데는 가을도 봄 같다 ··· 077

귀신 씻나락 까먹는 소리한다 ··· 080

도깨비를 사귀었나 ··· 087

제4장
역사를 만든 귀신들

귀신은 대포로 물리치십시오! ··· 096

귀신들의 두목, 비형랑 ··· 100

김유신을 구하라! 귀신 덕에 이룩한 삼국통일 ··· 103

사또만 잡아먹는 아랑 귀신 ··· 108

아리 아리랑 아라리가 났네 ··· 114

용이 된 이무기 ··· 117

콧구멍이 간지러워, 에취! 백골의 보답 ··· 122

제5장
전통문화와 함께 해 온 귀신들

소심한 귀신의 제삿밥 … 132

객귀들이 군침을 흘리던 각 지역의 제삿밥 … 139

손 없는 날 … 143

귀신의 밤, 귀신의 집 … 148

가장 고약한 귀신을 만나다 … 154

귀신이야? 신이야? … 158

제6장
귀신이 알려 주는 우리 풍습 이야기

야광귀가 나타났다, 신발을 감춰라! … 166

길거리에 귀신들이 와르르, 공포의 그날 … 171

너도 먹고 떨어져라, 고수레! … 174

많이 먹어도 늘 배가 고픈 아귀들의 비밀 … 178

붉은 팥은 무섭지만 팥죽은 먹고 싶어 … 180

그 이름도 높으신 마마 귀신 … 186

잔칫집에 나타난 두억시니 … 190

눈사람이 된 소금 장수와 어린 딸 … 195

귀신이 주렁주렁, 서낭당을 지날 때는 침을 세 번 뱉어라! … 201

제1장

으스스 오싹오싹
우리나라 전통 귀신

무덤이 반으로 갈라지는 무시무시한 이야기

1970년대부터 1980년대에 귀신의 이야기를 다루면서 큰 인기를 끌던 텔레비전 프로그램이 있었는데, 〈전설의 고향〉이라는 드라마였어. 나는 무서운 이야기를 너무 좋아해서 〈전설의 고향〉을 방영할 시간만 손꼽아 기다렸지.

그런데 당시에는 밤 아홉 시가 되면 텔레비전에서 이런 말이 흘러나왔어.

"어린이 여러분 이제 잠자리에 들 시간입니다. 새 나라의 어린이는 일찍 자고 일찍 일어납니다."

이런 방송이 나오면 괜히 부모님의 눈치가 보였어. 전설의 고향은 10시가 되어야 방영을 했기 때문에 한 시간 동안 부모님 눈치를 보며 버텨야 했지.

오늘은 또 얼마나 무서운 귀신이 나올까 두근두근 기대하면서도, 엄마가 들어가서 자라고 하면 어쩌나 마음 졸이며 기다렸어.

드라마가 시작되고 〈전설의 고향〉 시작 음악이 나오면 그때부터 두려움에 이불을 뒤집어썼어. 마른 밤하늘에 번개가 치고 무덤이 반으로 갈라지면, 우리는 괴성을 지르며 엄마 품으로 달려들었어. 무덤 안에서 시커먼 머리를 길게 늘어뜨리고 소복을 입은 처녀 귀신이 손톱을 세우고 달려드는 장면은 끝내 구경도 못 했지.

다음 날 학교에 가면 모두 지난밤 무덤을 가르고 나오던 귀신 이야기에 신이 났었고, 일찍 잠자리에 든 어린이들은 친구가 한껏 부풀린 귀신 이야기를 들었어.

시대가 변해도 귀신 이야기는 여전히 인기 있는 이야기야. 특히 우리 민족은 귀신과 떼려야 뗄 수 없는 삶을 살았어. 어떤 중요한 날이나 중요한 일을 앞두고 불길한 기운을 쫓으려고 의식을 치르거나, 때로는 귀신에게 제사를 지내거나 음식을 바치며 잘 돌보아 달라고 대접하기도 했어. 옛날 세시 풍속에 귀신에 얽힌 풍습이 많은 것만 보아도 우리는 조상 대대로 귀신과 함께 살아왔다고 볼 수 있지.

그렇다면 귀신의 정체는 뭘까? 귀신이란 죽어서 세상을 떠난 사람들의 영혼 또는 넋을 말하기도 하고 사람에게 복을 내려 주거나 화를 입히는 신령(神靈: 신기하고 묘한)스러운 존재를 말하기도 해.

우리 조상들과 오래전부터 함께 살았던 귀신들은 우리가 상상하는 것보다 그 종류가 어마어마하게 많았대. 그 많은 귀신 중에 사람을 해코지하고 못살게 구는 나쁜 귀신이 있는 반면에 사람들을 지켜 주고 도와주는 착한 귀신도 있다고 하니, 귀신 이야기에 점점 더 흥미가 생기지 않니?

게다가 우리나라 귀신의 특징이 하나 있는데, 이유도 없이 나타나 마구잡이로 사람을 해치는 외국 귀신과는 달라. 우리나라 귀신은 귀신이 될 수밖에 없었던 저마다의 사연과 비밀을 가지고 있대.

우리 귀신은 남자와 여자, 또는 신분의 높고 낮음을 차별하던 불평등한 사회의 제도에서도 생겨났고, 새로운 문물(文物: 모든 문화)이 들어오면서 그것에 대한 호기심과 두려움에서 생겨나기도 했으며, 가진 것 없이 태어나 억울하게 살다가 흔적 없이 사라진 힘없는 사람들의 원한에서 생겨나기도 했어.

또한 나와 내 가족 그리고 조상과 이웃들, 나아가 나라가 두루두루 편안하게 잘 살기를 원하는 마음에서도 귀신이 생겨났단다.

지금부터 어떤 사연으로 귀신이 되었고 그들이 우리에게 말하려는 것이 무엇인지, 그 구구절절한 사연을 함께 들어 볼까 해.

혹시 지금 '나는 귀신 따위는 믿지 않아'라고 생각하는 친구도 있니? 그래, 귀신을 믿지 않아도 좋아. 지금부터 들려주려는 이야기들은 귀신을 믿고 무서워하라는 게 아니라, 우리 전통 속에서 살던 귀신들을 만나 보면서 잊힌 우리 문화도 다시 살펴보고 그 옛날 조상들이 어떤 사회에서 어떤 삶을 살았는지 좀 더 재미있게 살펴보자는 의도야.

귀신들이 풀어놓는 이런저런 이야기들을 재미있게 듣다 보면 우리 조상들이 귀신과 함께 살아온 삶도 자연스럽게 들여다볼 수 있을 거야.

처녀 귀신의 소복에 숨겨진 비밀

시대가 변하면서 텔레비전이나 영화에서 다루는 귀신이 다양하게 등장하고 또 변화했지만, 가장 무서운 귀신은 한국 귀신의 대표주자 격인 처녀 귀신이 아닐까 싶어.

소복을 입고 검은 머리를 길게 늘어뜨린 귀신은 생각만 해도 온몸에 소름이 쫙 돋을 정도로 무섭거든. 그런데 왜 처녀 귀신은 소복을 입었을까?

소복은 흰색의 치마저고리를 말하

는데, 사람이 죽어 장례를 치를 때 죽은 사람의 가족이 입었던 옷이야. 옛날 우리나라는 사람이 죽으면 시신을 땅에 묻었어. 시신을 땅에 묻어야 빨리 썩어서 자연으로 돌아가고 그 혼이 하늘로 올라간다고 생각했거든. 시신을 묻을 때 입히는 옷을 '수의'라고 했는데, 죽은 사람이 평소 입던 옷 중에 가장 좋은 옷이나 예복으로 입었던 귀한 옷을 수의로 입혔어. 마지막 가는 길에 가장 좋은 옷을 입혀서 좋은 곳으로 보내고 싶은 가족의 바람이 담긴 옷이기도 했지. 이런 풍습 때문에 옛날 왕이나 왕비, 또는 왕족의 무덤이 발견되면 시신이 입고 있던 옷과 장신구가 나오곤 해. 학자들은 그것으로 그 당시 사람들의 옷차림을 연구하기도 하지.

이렇게 가장 좋은 옷을 수의로 입고 땅에 묻힌 귀신이 왜 난데없이 상복인 소복을 입고 나타났을까? 사실 옛날 귀신들은 소복 차림이 아니었어. 처녀 귀신 이야기의 고전격인 《장화홍련전》(조선 시대의 소설로 계모 때문에 억울하게 죽은 장화와 홍련 자매가 귀신이 되어 나타나 한을 푼다는 이야기)을 보면 귀신이 된 장화와 홍련이 '녹의홍상'을 하고 단정한 차림으로 나타났다고 나와 있어. 녹의홍상綠衣紅裳은 초록 저고리와 다홍치마라는 뜻으로 젊은 여자들이 주로 입던 옷을 말해. 즉, 처녀 귀신이 되어서도 소복 차림이 아니라 살

아 있었을 때와 같은 모습으로 등장한 거야. 그렇다면 처녀 귀신의 소복은 어디에서 온 걸까?

바로 1967년에 만들어진 〈월하의 공동묘지〉라는 영화에서 만들어진 모습이 아닐까 추측하고 있어. 이 영화에 나오는 처녀 귀신이 소복을 입고 긴 머리를 풀어 헤치고 등장했는데, 그 귀신의 모습이 처녀 귀신의 모습으로 자리 잡았다는 이야기야. 그보다 먼저인 1936년에 나온 영화 〈장화홍련전〉의 자료를 보면 귀신이 평범한 한복을 입고 등장하거든.

그리고 전문 자료들을 찾아보면 〈월하의 공동묘지〉 속 처녀 귀신은 우리 전통 귀신의 모습은 아닌 것 같아. 일제 강점기 때라 일본 공포 영화 속 귀신의 모습이나 일본 괴담에서 영향을 받았을 거라고 해.

오히려 우리의 처녀 귀신은 사람과 비슷한 모습을 하고 있지만, 공포감을 주려고 한을 담아 흐느껴 울고, 웃는 소리가 무서웠던 것 같아. 옛이야기들을 보면 사람들은 처녀 귀신의 모습을 보기도 전에 그 소리를 듣고 공포에 떨었다고 하니 말이야.

그동안 우리를 두려움에 떨게 했던 우리나라 대표 귀신인 소복 차림의 처녀 귀신은 생겨난 지 그리 오래되지 않은 귀신이고, 일본의 영향을 받았을지도 모른다는 비밀을 알고 나니 왠지 아쉬운 마음이 들기도 해.

장례식

1900년대 초 장례식 사진으로 사람들이 소복을 입고 있다.

출처 위키디피아

 재미있는 우리말

넋두리와 푸념은 귀신의 말이다?

불만이나 불평을 혼잣말처럼 하는 넋두리, 마음속 불평을 늘어놓는 푸념, 이 두 가지 말은 귀신의 말이야. 넋두리와 푸념은 무당(무녀라고도 하며 신령을 섬기며 굿을 주관하는 사람)이 귀신을 불러내 굿을 할 때 쓰던 말인데, 죽은 사람을 대신해서 무당이 쏟아내던 말을 넋두리라고 하고, 무당이 죽은 사람을 대신해서 산 사람들에게 불평이나 꾸지람을 하는 것을 푸념이라고 했대. 옛날에는 굿이 친숙한 문화였고 무당의 넋두리와 푸념을 본 사람들이 일상생활에서 사용하면서 일상 언어가 된 것 같아.

우리나라 전통 귀신은 어떤 모습일까?

　소복을 입은 처녀 귀신이 근래에 생긴 귀신이라면 우리 전통 귀신들은 어떤 모습이었을까? 여러분이 알 만한 귀신이라면 꼬리가 아홉 개 달린 구미호, 얼굴이 없는 달걀귀신, 장가 못 간 몽달귀신, 뿔난 도깨비 정도가 아닐까?

　우리가 흔히 무섭다고 이야기하는 귀신을 '원귀'라고 해. 원귀는 억울하게 죽어서 원한을 가진 귀신을 말하지. 옛날 사람들은 사람이 살아 있을 때의 이승이라는 세상과 죽어서 가는 저승이라는 두 가지 세상이 있다고 믿었는데, 무서운 원귀는 이승에서 품은 원한을 풀기 전에는 저승에도 못가는, 알고 보면 처량한 존재라고 해.

　산 사람이 살아가는 이승은 원귀를 비롯해서 많은 귀신이 함께 존재한다고 믿었지. 원귀 말고도 사람들에게 전염병을 옮기는 '여귀'와 도깨비나 어둑시니와 같은 영적인 존재를 일컫는 '귀매'라는 것도 있었어.

도깨비는 전래 동화에도 자주 등장해서 어린이들도 잘 알고 있을 거야. 옛날에는 도깨비가 아주 많아서 도깨비를 본 사람들의 경험담을 아주 많이 들을 수 있었대. 그래서 도깨비의 장난에 당한 경험이 신문 기사에 실리기도 했지.

〈동아일보〉 1928년 8월 4일 기사에는 어떤 술집에 밤마다 도깨비가 나타나서 기왓장과 돌덩어리를 자꾸 던진다는 이야기와 밤이면 태평동 근처에 단발머리의 서양식 옷을 입은 미인이 나타나서 일본말이나 조선말로 오가는 청년들을 야단친다는 기사가 나기도 했어.

기왓장과 돌덩어리를 던지는 것은 도깨비고 밤에 나타나는 서양식 옷을 입은 미인은 처녀 귀신이 아니었나 싶은데 당시 신문에서 도깨비장난에 관한 기사를 종종 볼 수 있었다고 해. 난데없이 푸른 불덩이가 날아다니거나 큰 소리가 나거나 물건이 움직이는 등의 기이한 현상이 일어나면 도깨비의 짓이라고 믿었대.

도깨비와 같은 귀매 중에는 어둑시니가 있는데, 어둑시니는 이름처럼 어둠을 상징하는 보이지 않는 요괴라고 해. 어둑시니가 무섭다고 올려다보면 커지고 얕잡아 보면 사라진다고 하니 사람들의 어둠에 대한 공포심을 대신 표현해 준 존재가 아닐까 싶어.

어둑시니는 이효석의 《메밀꽃 필 무렵》이라는 소설에도 등장해. "어둑시니가 깔린 것처럼 어두웠다"라는 구절을 보면 어둑시니가 지금 우리에게는 낯설지만, 예전 사람들에게는 자주 입에 오르내리던 귀신이었던 같아.

그밖에도 지방마다 다른 귀신들이 출몰하기도 했는데, 제주도에는 제주

경행제전경 기와집
문화재 자료 제132호 경행제

기왓장은 한옥 지붕을 덮는 데 쓰려고 흙을 굽거나
시멘트 따위를 굳혀서 만든 건축 자재다.

출처 문화재청
문화재 자료 제132호 경행제 경행제 전경 기와집

도깨비 무늬 기와

전라북도 남원시에서 출토된 도깨비 무늬 기와다.
머리 위 다섯 개의 뿔 형상과 툭 튀어나온 두 눈,
벌렁코, 험상궂은 이빨 등의 모습을 볼 수 있다.

출처 국립 전주 박물관
명칭 도깨비 무늬 기와　　**시대** 한국-조선　　**소장품번호** 전주 203

도 토종 귀신인 그슨대와 그슨새가 있었어.

그슨대는 주로 제주도 노인들의 입으로 전해 내려온 귀신인데 키가 하늘에 닿을 정도로 컸대. 그슨대는 봄비가 촉촉이 내리는 밤에 주로 나타나서 가랑이를 떡 벌리고 서 있는데, 사람이 이를 모르고 그 가랑이 사이를 지나가게 되면 병을 얻어서 시름시름 앓다가 죽게 된다는 거야. 그슨대는 제주도 곳곳에서 최근까지도 목격담이 나오고 있다고 해.

이름이 비슷한 그슨새는 또 다른 종류의 귀신인데 낮과 밤을 가리지 않고 나타났대.

옛날 제주도의 한 농부가 밭을 갈고 있다가 이상한 것을 목격하게 되었어. 멀리 떨어진 곳에서 밭을 갈던 친구가 소를 묶어 두었던 줄을 목에 감았다가 풀었다가 하는 거야. 평소와는 달리 이상한 행동을 하는 친구를 지켜보던 농부는 깜짝 놀라서 친구에게 달려갔어. 이번에는 친구가 나무에 줄을 걸고 자신의 목을 매려고 했지. 농부는 친구에게 달려들어 목에 맨 줄을 풀었어.

"이게 무슨 짓인가?"

그러자 정신이 든 친구가 말했어.

"아 글쎄, 주젱이(주저리의 제주 방언)를 쓴 놈이 펄럭대면서 날아와서 줄로 내 목을 졸랐다가 풀었다가 하지 뭔가. 정신이 하나도 없었는데 자네 덕분에 살았네."

볏짚을 모아 엮어 뚜껑처럼 만들어 다양하게 쓰이는 주저리.

농부의 친구가 본 귀신은 그슨새인데 그슨새는 짚으로 만든 주저리를 뒤집어쓰고 다니면서 혼자 있는 사람들을 현혹해서 스스로 목을 매게 만든대.

그밖에도 우리 귀신은 살아 있을 때의 모습 그대로인 사람의 모습이기도 하고 때로는 어둠의 형상이기도 하며, 눈으로 보이지 않는 허깨비나 거인의 모습 또는 주위에서 자주 보던 물건의 모습 등 다양한 모습으로 사람들 앞에 나타났어.

지금부터 각양각색 다양한 모습과 개성을 가진 우리 전통 귀신을 만나 보도록 하자.

제 2 장

과학에 씌운 귀신 이야기

번갯불을 잡아먹고 달리는 전차 귀신

1901년 8월 어느 여름이었어. 선풍기도 에어컨도 없이 푹푹 찌는 무더위를 견디던 사람들은 밤이면 밖으로 나와 집보다 시원한 곳을 찾아 헤맸대.

그때 누군가 새로 생긴 전차의 선로가 차가운 철로 만들어져 있고 높이도 베개와 비슷해서 베고 자기에 그만이라고 하자 선로 주위에 사는 사람들은 너도나도 전차의 선로로 나갔지.

그 당시 시내를 가로지르는 전차 선로 위에는 매일 밤 사람들이 누워 자는 신기한 풍경이 펼쳐졌지.

그런데 어느 날 아침 선로 위에서 꿀잠을 자고 일어난 사람들의 눈에 충격적인 광경이 펼쳐지고 말았어. 글쎄 머리가 없는 사람이 두 명이나 발견된 거야.

"전차 귀신이 나타났다. 사람 목을 잘라가는 단두대 귀신이 나타났다."

동대문 앞을 지나가는 전차 [1934년]

보물 1호(동대문). 동대문 앞을 지나가는 전차 [1934년].

출처 국립 중앙 박물관
명칭 동대문 앞을 지나가는 전차[1934년] **시대** 일제 강점기
소장품번호 건판 28579

남대문 전차 선로

남대문 앞을 운행하는 전차.
서울 전차는 1899년 처음 운행했다.

출처 국립 중앙 박물관
명칭 남대문 전차 선로   **시대** 일제 강점기
소장품번호 건판 28551

사람들은 전차 귀신이 나타나 사람의 목을 잘라갔다고 생각해서 전차를 불태워 없애야 한다고 믿었어. 전차 회사로 우르르 몰려가서 전차에 불을 질렀지.

전차가 새로 개설되어 시내를 달리자 '번갯불을 잡아먹고 달리는 괴물'이라며 '전차 안에는 번갯불이 가득해서 가까이 가면 타 죽는다'는 소문이 났을 정도로 전차를 처음 보는 사람들의 시선이 곱지 않았거든. 그런데 사람 머리를 가져가는 귀신이라니 그냥 두어서는 안 된다고 생각한 거야.

사실 전차 귀신, 단두대 귀신은 소문일 뿐이고 그날 밤 끔찍한 사고가 있었어. 야간에 다니는 전차 시간은 원래 오후 11시 30분에 출발하여 12시에 종착역에 도착했거든. 막차 시간이 정해져 있었기에 사람들은 막차 시간이 지나자 전차 선로로 나와 잠을 잤어. 그런데 이날 문제가 생겨서 전차가 일정보다 늦게 출발하게 된 거야. 막차가 지나갔다고 생각한 사람들이 여느 때처럼 선로에 누워 잠을 청했고, 그 뒤 사고가 난 거야.

뒤늦게 선로에 누운 사람을 발견한 운전사가 종을 울리고 급히 전차를 세우려 했지만, 그만 두 사람이 전차에 목이 베인 채 죽고 말았대. 그 사건이 있은 뒤로 전차 회사에서는 "선로는 공공 베개가 아니다"라는 제목의 공고문을 여기저기 붙였는데, 그래도 사람들은 전차 선로 위에서의 꿀잠을 포기하지 못했대. 전차 회사가 붙인 공고문을 뜯어내고 저항하는 사람이 많아지자 전차 회사에서는 하는 수 없이 밤에 전차 운행을 하지 않기로 했고 사람들은 다시 선로 위의 꿀잠을 즐길 수 있었다고 해.

처음 전차를 본 사람들이 귀신이나 괴물이라고 생각했던 것은 낯선 것을 접한 사람들의 불안과 공포가 반영된 것이라고 할 수 있어.

우리나라에 전기가 들어오고 전차가 다니게 되자 이 낯선 탈것은 신기하기도 하고 두렵기도 한 것이었어. 공중에 매달린 전차의 전깃줄이 번갯불을 튀겨 하늘을 메마르게 해 비가 오지 않고, 땅에 깔린 전차 선로가 땅속의 물기를 전부 빨아먹어 가뭄이 온다는 소문이 나돌기도 했거든. 그도 그럴 것이 처음 생긴 전차는 요금이 비싸서 일본인이나 돈 많은 사람만 타는 것으로 여겨져 일반 백성들에게는 그저 성가시고 무서운 것일 뿐이었지. 그뿐 아니라 전차에 어린아이가 치이는 등 잦은 사고가 나자, 그때마다 사람들이 나서서 전차를 부수고 불태웠어.

이렇게 푸대접당하던 전차였지만, 1899년 처음 개설되어 일제 강점기를 거쳐 1960년대까지 운행되며 전차 요금도 내리고 웬만한 서민도 쉽게 탈 수 있게 되었지. 하지만 하루 벌어 하루 먹고살기도 빠듯했던 서민들은 전차 한번 타 보는 것이 소원이 되기도 했어.

부모님 살아생전에 전차 한 번 태워드리는 것이 효도라고 생각해서 곡식을 모아 전차 탈 돈을 마련하는 '전차 효도계'라는 것이 생겨났고 전차 타는 것에 정신이 팔려서 재산을 탕진한 사람도 있었다고 해.

전기 귀신님 살려 주시오!

 옛날 시골에 사는 한 노인이 서울에 있는 부자 조카 집을 방문하게 되었어. 길이 멀어 밤이 되어서야 도착했는데, 어찌 된 일인지 집이 대낮같이 밝았어. 노인은 대문을 들어서면서 눈이 휘둥그레져서 물었지.

"이게 무슨 귀신의 조화란 말인가? 해가 졌는데도 이렇게 집 안이 밝다니 등잔불을 몇 개나 켜 놓은 것인가? 아무리 돈이 많다고 해도 이렇게 펑펑 써대면 어찌 감당하겠는가?"

낭비가 심하다며 혀를 차는 노인에게 조카가 웃으며 대답했지.

"이것은 등잔불이 아니라 전기라는 것입니다. 등을 하나만 켜도 대낮처럼 밝습니다."

노인은 처음 보는 전깃불이 신기했어. 그때까지도 밤이 되면 목화씨 기름이나 소나무의 송진 등으로 등잔불을 밝혔는데, 전깃불에 비하면 밝기가 형편없었거든.

눈이 부시게 밝은 전깃불 아래서 저녁상을 거나하게 받아먹고 난 노인은 슬슬 담배를 피우고 싶은 마음이 들었어.

"배도 부르고 어디 담배나 한 대 피워 볼까?"

노인은 곰방대(담뱃대)를 꺼내 정성스레 담뱃잎을 채워 넣고 불을 찾았어. 평소 같으면 등잔불로 불을 붙였을 터인데 방 안에는 등잔 대신 밝게 빛나고 있는 전구가 보였지.

"옳거니, 불이 여기 있구나. 전기로 붙인 담배 맛은 어떤가 보자."

호기심 가득한 표정의 노인은 곰방대를 전구에 대고 불을 붙이려 입을 뻐끔거렸어. 하지만 전구에서 불이 붙을 리가 없었지. 젖 먹던 힘을 다해 담뱃대를 빨던 노인은 화가 나서 버럭 소리를 쳤어.

"에잇! 쓸모없는 도깨비불 같으니라고!"

노인은 홧김에 곰방대로 전구를 내리쳤어.

그러자 번쩍 불꽃이 튀면서 전구가 펑 터져 버렸지. 깜짝 놀란 노인은 바

닥에 납작 엎드려서 전구를 향해 두 손을 모아 싹싹 빌었어.

"아이고 전기 귀신님 죽을죄를 지었습니다. 한 번만 살려 주십시오!"

전기가 무서워서 벌벌 떨던 노인은 며칠 조카의 집에서 머물면서 전기에 익숙해지고 점점 욕심이 생기기 시작했어.

"우리 할멈이랑 며느리가 이렇게 밝은 전깃불을 보면 얼마나 좋아할까? 등잔불 아래서 바느질하면서 손가락 찔리는 일도 없을 텐데 말이야. 손자 녀석도 참 좋아할 테지."

노인은 부자 조카에게 슬쩍 물어봤어.

"이 집에 전깃불이 많은데 나한테 하나 나눠 주면 어떻겠나?"

이 말을 들은 조카는 난처해했어.

"숙부님, 죄송하지만 그것은 제 마음대로 할 수 없는 일입니다. 전기라는 게 꽤 복잡한 물건이거든요."

조카의 말을 들은 노인은 괜히 더 목소리를 높여 꾸짖었어.

"이렇게 떵떵거리며 사는 큰 부자가 늙은 숙부에게 그깟 전깃불 하나 못 주는가? 난 섭섭해서 당장 집으로 돌아가겠네. 에헴!"

노인은 말리는 조카를 뿌리치고 시골집으로 돌아왔어. 식구들이 돌아온 노인을 반갑게 맞이하자 노인은 우쭐하면서 말했어.

"내가 서울에서 기가 막힌 것을 가져왔거든. 다들 놀라 자빠질지도 모르니 마음 단단히 먹고 구경들 하시게."

노인은 짊어지고 온 보따리 안에서 전구를 꺼냈어. 전구는 전깃줄이 달린 채 누가 보아도 가위로 아무렇게나 끊어 낸 모양이었어. 조카에게 전깃불을 달라고 말하기 전에 이미 노인은 전구를 잘라서 보따리 안에 넣었던 거야.

"이것이 전기라는 것인데 어찌나 밝은지 눈먼 사람이 보면 눈이 번쩍 뜨일 정도라니까."

노인은 잔뜩 기대하고 마른침까지 꼴깍 삼키고 있는 식구들 앞에서 호기롭게 전구를 벽에 걸었어.

"여기가 적당하겠다. 다들 너무 놀라지는 마라."

노인은 벽에 전구를 걸어 놓고 불이 들어오기를 기다렸어. 하지만 잘린 전기선에 달린 전구에 불이 들어올 리가 없었지.

"할아버지 언제 불이 생기나요? 너무 깜깜해요."

예닐곱 살쯤 먹은 손자가 기다리다 못해 코를 훌쩍이며 물었어.

"좀 기다려 봐라. 이 안에 든 전기 귀신도 먼 길을 와서 힘든 모양이다."

"예? 전기 귀신이요? 귀신은 무서운데."

전기 귀신이라는 말에 손자는 엄마의 치마 뒤로 숨어들었어.

"걱정 마라. 전기 귀신이라는 게 소리만 요란하지 사람한테 해를 끼치지는 않더라. 전기 귀신이 불을 켤 때까지 기다려 보자."

그렇게 그날 밤도 그리고 그다음 밤도 또 다음 밤도 노인과 식구들은 켜지지 않는 전구를 바라보며 컴컴한 방 안에서 하염없이 기다렸대.

옛날 사람들은 앞서 이야기한 기차도 그랬지만, 전깃불도 귀신이라고 생각했어. 상상하지 못할 정도로 새롭고 멋진 기술을 대할 때 사람이 할 수 없는 귀신의 일이라고 생각했나 봐.

1883년 '보빙사'라는 우리나라 외교 사절단이 미국으로 건너갔을 때, 미국 땅을 환하게 밝히는 전기를 보고 놀라서 고종 황제에게 보고했어. 그러자 고종 황제가 에디슨 전기회사에서 전기를 수입해 1887년 경복궁의 건청궁에 처음 전깃불을 켜게 되었대. 에디슨이 전구를 발명한 지 채 8년도 지나지 않은 때라고 해.

처음 미국에서 수입한 발전기를 이용해서 전기를 만들어 전등을 켰는데 향원정 연못의 물을 끌어와 발전기를 작동시켰어. 어둠을 몰아내고 대낮 같은 밝음을 주는 전기가 신기하기도 했지만, 대신들의 반대도 만만치 않았대.

발전기를 이용하는데 돈도 많이 들고 발전기 엔진에서 끓은 물이 역류해 연못의 물고기를 다 죽게 만들었기 때문이래. 하지만 고종 황제는 대신들의 반대를 무릅쓰고 전기 공사를 계속했어.

처음 궁궐에서 시작한 전깃불은 1920년대부터 일본인들이 모여 살던 곳

건청궁 편액

1873년(고종 10)에 경복궁 북쪽, 즉 향원정 뒤편에 지은 건물인
건청궁(乾淸宮)에 걸렸던 편액이다. 글씨는 파란색이고 바탕은 흰색이다.
1894년 고종이 일본의 압력을 피해 경복궁에서 창덕궁으로 옮겼다가
한 달 만에 다시 경복궁으로 돌아오는데, 그곳이 바로 건청궁이다.

명칭 건청궁 편액   **출토지** 서울특별시-종로구
재질 나무   **소장품번호** 별관 55

과 그 부근의 조선인 가정과 상점까지 밝혔어. 물론 일부 사람들만 켤 수 있었고 서민들은 구경하기도 어려운 것이 전깃불이었지. 그래서 사람들은 전기를 도깨비불이라고도 불렀고 신기해하면서도 두려워했대. 실제로 남의 집에서 전구를 훔쳐서 집에 달아 놓고 전기가 들어오기를 기다리는 어리석은 짓을 하는 사람들도 있었다고 해.

전봇대 귀신이 나타났다!

 전화가 사용되기 훨씬 전부터 오늘날까지 이용되는 통신 수단 중에 전보라는 것이 있어. 전보는 전기선으로 간단한 문서를 전달하는 것으로 어린이들에게는 생소할 수도 있겠지만, 각국의 대통령들이 서로 축하나 위로의 말을 전할 때 요즘도 쓰는 수단으로 등장하곤 해.

 전보라는 것을 처음 접한 사람들은 전기선으로 소식을 전한다는 것이 말도 안 된다며 의심했고, 전보와 전기선에 귀신이 들려 있다고 생각했어. 그래서 전보는 당시 조선에 체류하는 외국인들이나 쓰던 통신이었지.

 전보를 보내는 전선을 묶는 기둥을 전봇대라고 했는데, 지금은 전깃줄을 땅 속에 묻어서 전봇대가 거의 없지만, 옛날에는 나무로 만든 전봇대가 여기저기 세워지게 되었어.

 특히 1894년 청나라와 일본의 '청일 전쟁'이 시작되면서, 일본은 우리 땅에 군사용 전신(전기로 보내는 통신)을 불법으로 가설하고 우리 전신도 군사용으로 빼앗았지. 그뿐 아니라 벼가 익어 가는 논과 작물이 가득한 밭을 함부로 빼앗아 그 위에 전봇대를 세우고 전선을 설치했어. 그 일에 필요한 돈과 노동을 우리 농민들에게 떠안겼지. 논밭을 가로지르는 성가신 전선을 바라보는 농민들은 고통스러웠고, 전보가 전기 바람을 타고 오고, 전기 바람은 가뭄을 몰고 온다고 생각했대. 마을에 흉년이라도 들면 어느 집에서 전보를 받은 것은 아닌지 의심도 하고 말이야.

일본의 횡포가 계속되고 본격적으로 우리의 국권과 주권을 강탈하려 들자 농민들은 의병을 조직해서 일본에 맞서게 되었어. 의병들은 일본군의 통신을 막으려고 전봇대를 베어 내고 전깃줄을 마구 잘라냈어.

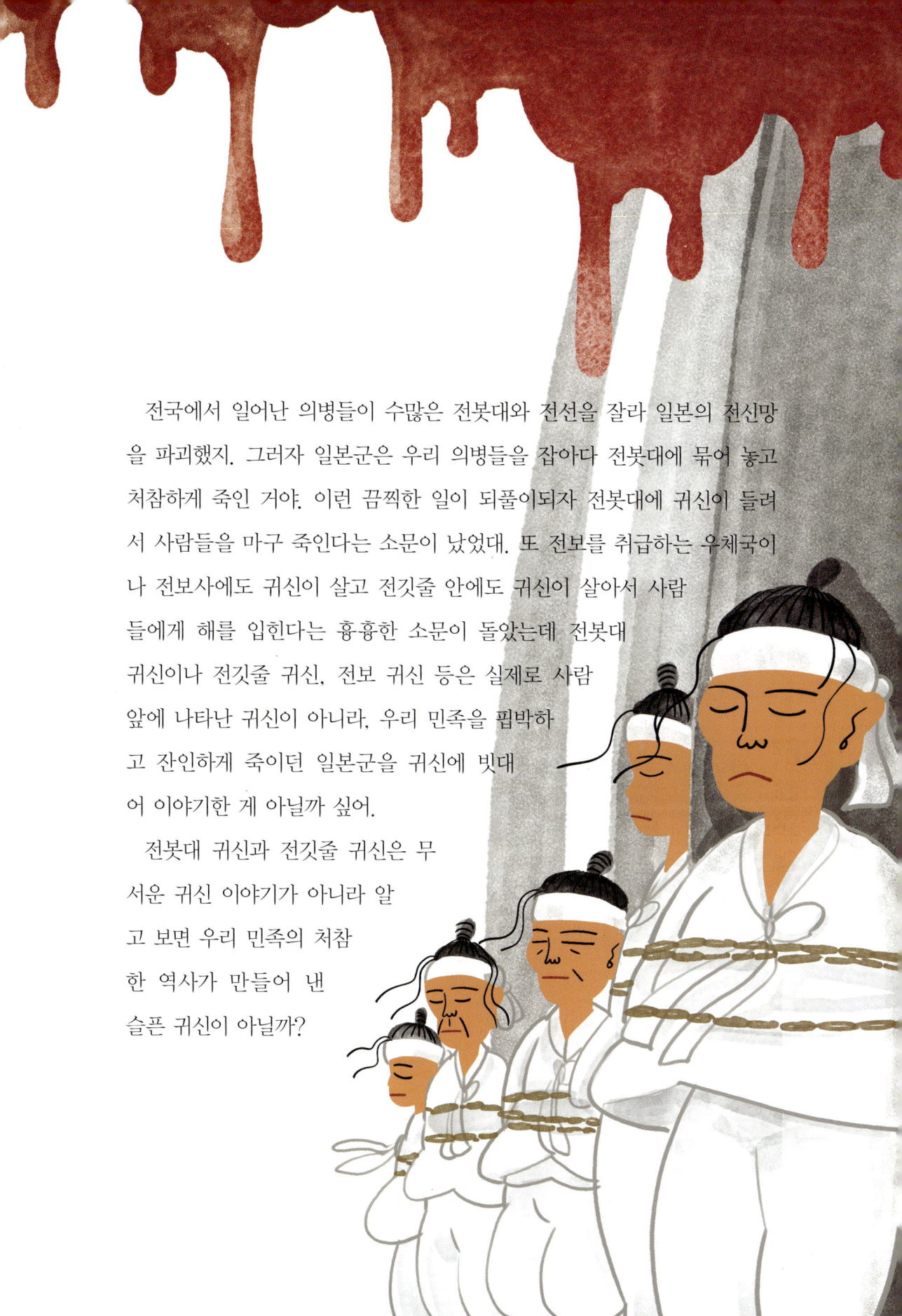

　전국에서 일어난 의병들이 수많은 전봇대와 전선을 잘라 일본의 전신망을 파괴했지. 그러자 일본군은 우리 의병들을 잡아다 전봇대에 묶어 놓고 처참하게 죽인 거야. 이런 끔찍한 일이 되풀이되자 전봇대에 귀신이 들려서 사람들을 마구 죽인다는 소문이 났었대. 또 전보를 취급하는 우체국이나 전보사에도 귀신이 살고 전깃줄 안에도 귀신이 살아서 사람들에게 해를 입힌다는 흉흉한 소문이 돌았는데 전봇대 귀신이나 전깃줄 귀신, 전보 귀신 등은 실제로 사람 앞에 나타난 귀신이 아니라, 우리 민족을 핍박하고 잔인하게 죽이던 일본군을 귀신에 빗대어 이야기한 게 아닐까 싶어.

　전봇대 귀신과 전깃줄 귀신은 무서운 귀신 이야기가 아니라 알고 보면 우리 민족의 처참한 역사가 만들어 낸 슬픈 귀신이 아닐까?

귀신과 통화하는 방

조선의 마지막 왕인 순종은 비밀의 방을 하나 가지고 있었대. 일본의 간섭을 받는 힘없는 왕이었기에 행동 하나하나 조심스러웠지만, 이 비밀의 방만큼은 3년 동안 지켰고, 매일 방 안으로 들어가 똑같은 일을 했어.

순종은 이 방에 들어갈 때면 부모의 장례를 치를 때 입던 전통 상복으로 입었어. 방 안에 들어서면 장롱 문을 열었어. 장롱 안에는 전화기 한 대가 숨겨져 있었지.

순종은 전화기를 향해 절을 하고는 수화기에 대고 곡을 했어. 제사나 장례를 지낼 때 소리내 우는 걸 '곡'이라고 하거든.

"아이고! 아이고!"

순종의 구슬픈 곡소리는 수화기를 넘어 아버지인 고종의 무덤까지 닿았어. 무덤을 향해 수화기를 들고 있던 고종 황제의 묘지기(묘를 지키는 사람)도

순종 임금의 곡소리에 눈물을 흘렸지. 순종은 이미 죽어서 무덤에 묻힌 아버지에게 3년 동안 매일 전화를 걸어 곡을 한 거야.

이런 이상한 행동에는 이유가 있었어. 고종이 승하(존귀한 사람의 죽음을 높여 말함)하자 일본은 조선 왕의 장례를 일본식으로 치르게 했어. 일본식 제단을 마련하고 일본의 옷을 입고 장례를 치러야 했지. 그 당시 부모의 상을 당하면 자식이 마땅히 행하던 삼년상조차 못 하게 했지. 삼년상이란 조선 시대 사람들이 부모가 돌아가시면 장례를 치른 뒤 무덤 옆에 움막을 짓고 3년 동안 아침저녁으로 살피던 일을 말해.

그런데 일본은 고종의 무덤을 찾아가는 것도 막았대. 그러자 순종이 생각해 낸 것이 전화로 삼년상을 치르는 것이었지. 아버지인 고종이 살아계실 때 돌아가신 어머니와 전화 통화하던 모습을 본 적이 있었거든. 비록 직접 가서 무덤을 지키지는 못했지만, 3년 동안 매일 아침저녁 전화로 곡을 하면서 삼년상을 치렀대.

순종의 이런 이상한 모습을 목격한 일본인들이 비밀의 방 안에 통로라도 있어서 임금이 몰래 밖으로 나가는 것이 아닌지 의심하고는 갑작스럽게 들이닥친 일도 있었대. 꼬투리를 잡았다고 생각했겠지만, 비밀의 방에는 달랑 전화기가 있는 장롱만 놓여 있었으니 일본인들이 힘 좀 빠졌을 거야.

죽은 혼령에게 매일 전화를 걸었던 임금도 있었지만, 일반 사람들에게 전화는 아주 생소해서 두려운 물건이었어. 전차와 전기에 심지어 전봇대에도 귀신이 붙었다고 생각했던 사람들이 전화를 마주하고 어땠겠어? 멀리 떨어진 곳에 사는 사람의 목소리가 기계에서 들린다니 이게 무슨 귀신의 장난인가 싶었겠지.

전화, 'Telephone'은 한자식 발음으로 '덕률풍德律風', '덕진풍德津風' 또는 '득진풍得津風'이라는 이름으로 불렸는데, 백성들은 전화가 땅 위의 물을 모두 말리는 바람이며 도덕을 닳게 하는 바람이라고 해석하면서 두려워했었대.

우리나라에 첫 전화는 1896년 궁 안의 소식 전달용으로 덕수궁 안에 개설되었대. 고종 임금이 만나고자 하는 신하를 불러내는 용도로 주로 이용했다고 하는데, 당시의 전화선은 철로 만든 선을 이용해서 들려오는 소리가 마치 모깃소리처럼 작았다고 해. 그래서 아무나 전화를 받을 수 없었고 귀가 밝거나 말귀를 잘 알아듣는 신하가 받았다고 해. 전화 받는 것도 기술이 필요했다고 할 수 있었지. 또 임금이 거는 전화를 받을 때는 의복을 단정하게 하고 절을 하는 예를 갖추고 받았다고 하니 재미있는 일이지.

1902년이 되어서야 서울과 인천 사이를 잇는 전화가 개통되고 일반 사람들이 전화를 이용할 수 있게 되었어. 공중전화 같은 전화소를 여러 곳에 설치해서 누구나 돈을 내고 전화를 걸 수 있게 되었지. 하지만 그때도 전화라는 것은 생소한 것이었기 때문에 전화가 오면 사람들은 벌벌 떨면서 도망가기 일쑤였대. 전화기에 귀신이 붙어서 말한다거나 전화기 안에서 번개 귀신이 부르는 거라고 생각했기 때문에 전화기 사용을 꺼렸던 거야. 실제로 한 관리는 궁에서 걸어오는 전화를 받아야 하는 직책에 있으면서도 전화를 받으면 번개 귀신한테 잡혀간다고 무서워해서, 아랫사람이 전화를 받기도 했대.

전화뿐 아니라 앞에서 이야기한 전차, 전기, 전보 등 새로운 문물이 들어오면 옛날 사람들은 일단 호기심보다 두려움을 가졌던 모양이야. 낯선 것, 새로운 것에 대한 두려움이 귀신을 만들고 그 소문이 사람들 사이를 귀신

벽걸이 전화기

출처 국립 중앙 박물관
명칭 벽걸이 전화기   **소장품 번호** 구 9512

순종과 이등박문 부산 방문 장면

1909년 일제 강점기, 조선 마지막 왕 순종이 부산에 방문했을 때 모습

출처 국립 중앙 박물관
시대 일제 강점기　**소장품 번호** 건판34178

처럼 떠돌았지. 지금 생각하면 시시한 이야기라고 생각할 수 있지만 당시 사람들이 살았던 사회를 떠올려 보면 어느 정도 이해가 될 거야.

나라가 망해가면서 백성들은 일제의 억압에 언제 재산과 목숨을 빼앗길지 모르는 위태로운 생활을 했고, 한편으로는 새로운 문물이 쏟아져 들어오는 것을 보면서 그 불안한 마음이 커졌을 거야. 이런 불안함이 귀신을 만들어서 경계하며 조심했던 것이지.

늦은 밤 운동장을 뛰어다니는 학교 귀신

밤 12시를 알리는 종소리가 '댕!' 하고 울리면 혼자 불이 꺼진 화장실에 들어가. 그리고 거울 앞에 서서 이 노래를 부르는 거야.

"삼월 하늘 가만히 우러러보며 유관순 누나를 생각합니다. 옥중에 갇혀서도 만세 부르다 푸른 하늘 그리며 숨이 졌대요."

노래를 반복해서 열 번을 부르고 나서 거울을 들여다보면 서서히 유관순 열사의 얼굴이 나타난대. 이 이야기는 1980년대에서 90년대까지 어린이들에게 유행하던 '유관순 괴담'이야.

아이들은 이 괴담을 듣고 공포에 떨면서 친구들에게 전했고, 이야기를 들은 어른들에게 황당하다며 혼이 나기도 했을 거야. 유관순 열사는 나라를 위해서 목숨을 바친 훌륭한 인물인데 쓸데없이 밤에 나타나 왜 아이들을 놀라게 하느냐고 말이지.

어느 학교에서는 밤이 되면 유관순 동상이 운동장을 돌면서 만세를 부른다는 소문도 있었고 지금은 찾아볼 수 없는 이승복 어린이의 동상이 운동장에 내려와 "나는 공산당이 싫어요!"라고 외친다는 소문도 있었어.

이런 괴담은 주로 1980년대 학생들 사이에서 떠도는 이야기였어. 지금 생각하면 믿기지 않을 만큼 유치하지만, 그때 학생들 사이에서는 큰 유행이었어. 스스로 담력이 세다고 생각하는 개구쟁이들이 사실을 확인한다고 밤늦게 학교 담을 넘는 일도 있었을 만큼 말이야.

이런 학교 괴담은 왜 생겼을까? 먼저 옛날의 학교는 지금처럼 깨끗하고 쾌적한 환경이 아니었어. 낡고 오래된 시설에 운동장에는 낮에 봐도 으스스한 동상들이 세워져 있었거든. 당시 동상들은 관리가 잘 안 되어서 페인트칠이 벗겨지거나 부분적으로 떨어져 흉물스럽게 보이는 것도 많았어.

그래서 동상을 세운 목적은 동상의 주인공처럼 훌륭한 사람이 되라는 의미였겠지만, 아이들 눈에는 이순신 동상이 훌륭한 장군님이 아니라 밤이 되면 걸어 나와 검을 휘두르는 귀신처럼 보였던 거야.

또 괴담 속의 주인공은 아이들에게 친숙했던 인물 중에 비극적인 최후를 맞은 인물이 되곤 했는데, 유관순 열사와 이승복은 그런 면에서 대표적인 괴담 주인공이라고 할 수 있겠어.

유관순 열사는 열일곱이라는 어린 나이에 나라를 위해 독립 운동을 했고, 그 대가로 모진 고문을 겪어서 숨질 때까지 고통스러운 나날을 보냈어. 이런 유관순 열사에게는 존경심과 함께 두려움도 따랐던 것 같아.

감히 함부로 상상할 수조차 없는 고문을 이겨내면서 뜻을 꺾지 않았던 어린 유관순.

"내 손과 다리가 부러지는 고통은 견딜 수 있으나, 나라를 잃어버린 고통만은 견딜 수 없다. 나라를 위해 바칠 목숨이 하나뿐인 것이 슬프다!"라고 유언한 유관순 열사에게 느꼈던 존경과 안타까움과 같은 다양한 감정이 만들어 낸 괴담이 아닐까 해.

이승복은 우리 어린이들이 모르는 인물일 수도 있지만, 당시 어린이들에게는 유관순 열사만큼 친숙한 인물이었어.

1968년도 아홉 살의 나이로 집에 쳐들어온 무장 간첩에게 희생된 이승복의 이야기는 〈조선일보〉에 "공산당이 싫어요!"라는 기사로 알려지면서 유명해졌어. 이승복은 공산주의에 반대하는 '반공'의 상징이 되어서 당시 많은 초등학교에 동상으로 세워졌어. 그리고 《도덕》 교과서에도 실렸지. 그렇지만 나중에 〈조선일보〉 기사가 사실과는 달리 과장된 부분이 많다는 논란이 생기면서 이승복도 서서히 잊혀갔지. 이승복 역시 아홉 살의 어린 나이에 무장 간첩에게 처참하게 죽임을 당하는데, 그 처절한 죽음이 또래 아이들에게는 두려움으로 남아 괴담이 만들어진 것 같아.

요즘 친구들에게는 어떤 학교 괴담이 있을까?

알고 나면 안 무서운 정보

왜 초등학교에는 동상이 많았을까?

밤이 되면 운동장으로 걸어 나온다는 괴담 속의 동상들은 왜 유독 초등학교에 많았을까? 주로 1970년~80년 초 즈음에 세워진 학교에 동상이 많았어. 당시에는 학교에 동상을 세우는 것이 유행이었고 어린이 회장이나 임원 등으로 선출된 것을 기념하려고 동상을 많이 기증했어. 동상은 어린 초등학생들의 교육을 목적으로 세운 것으로 중학교 이상의 학교에서는 찾아보기 어렵고 요즘 학생들은 동상에 관심이 없어서 교육 효과가 떨어진다고 생각해 철거하기도 한대.

홍콩 할매를 조심해!

홍콩으로 가는 비행기에 한 할머니가 탑승했어. 할머니는 고양이와 둘이 살고 있었는데, 홍콩으로 여행을 가면서 고양이만 혼자 집에 둘 수 없어 몰래 데리고 비행기에 탔대.

그런데 그만 비행기가 사고로 추락을 하게 되었고 할머니와 고양이는 죽게 되었어. 그날 이후 반은 할머니고 반은 고양이의 얼굴을 한 할머니가 나타나 아이들을 잡아가는 일이 생겼어. 그 할머니의 이름은 바로 홍콩 할매야.

1980년에서 1990년도 사이에 난데없는 홍콩 할매 귀신이 등장해 전국을 시끄럽게 했어. 심지어 9시 뉴스에도 홍콩 할매 귀신 얘기가 나올 정도였지.

할머니와 고양이의 영혼이 합쳐져 반은 할머니의 얼굴이고 반은 고양이의 얼굴이라는 홍콩 할매 귀신은 자신보다 힘이 약한 아이들을 잡아다가 한을 푼다고 하는데, 이 귀신에 대처하는 몇 가지 주의 사항이 있었어.

첫째, 해가 지고 나서 돌아다니면 안 된다. 둘째, 홍콩 할매에게 손톱과 발톱을 보여 주면 안 된다. 셋째, 홍콩 할매는 100미터를 10초로 뛰고 높은 곳도 식은 죽 먹기로 뛰어오르니 함부로 도망치지 말아라. 넷째, 홍콩 할매와 이야기할 때 '홍콩'이라는 단어를 붙이면 살아남는다.

그밖에도 여러 가지 떠돌던 금기 사항이 있었는데, 지금 생각해 보면 말도 안 되는 유치한 이야기일 수도 있지만 당시 홍콩 할매가 무서워서 학교를 가지 않겠다고 버티는 아이들도 많아서 텔레비전 뉴스에도 나온 거래.

그런데 왜 난데없이 홍콩이며, 추락 사고였을까? 당시 홍콩 누아르라고 부르는 어두운 영화와 중국 귀신인 강시가 등장하는 홍콩 영화가 인기를 끌고 해외 여행이 자유로워진 시기였어. 1980년대까지만 해도 해외에는 기업 출장이나, 학생의 유학, 해외 취업 등 특별한 목적이 있어야만 갈 수 있었어. 1989년 자유롭게 해외를 나가기 시작하면서 비행기 추락사고 소식이 종종 들리던 때라 이런 상황들이 복합적으로 엮이면서 생긴 괴담이라고 해.

그리고 홍콩 할매 괴담은 서울의 강남에서 생겨난 괴담이며 당시에 강남 초등학생이 유괴된 사건 때문에 이를 걱정한 부모들이 만들어 낸 소문이라는 이야기도 있어. 아이들만 잡아가는 홍콩 할매가 실제로 있었을 리는 없겠지만 이런 괴담과 귀신은 아무리 과학이 발전하고 디지털화되어도 계속 만들어지고 변형되면서 퍼져나가고 있어.

오늘날까지도 자유로 귀신, 지하철 귀신, 엘리베이터 귀신, 녹음실 귀신 등 새로운 귀신이 등장하고 그 귀신들은 우리가 살아가는 사회의 모습을 반영하고 있지. 생각해 보면 옛날 조상들 곁에만 귀신이 있던 것은 아니었어. 우리가 사는 현대 사회에도 무섭고 꺼려지지만 재미있는 귀신 이야기는 계속되고 있으니까 말이야.

제3장

귀신 씻나락 까먹는 이야기

귀신 피하려다 호랑이 만난다

옛날 어느 산골에 사냥꾼 총각이 가족도 없이 혼자 살고 있었어. 사냥꾼은 원래 고아로 사냥과 총 쏘는 법을 가르쳐 준 스승님하고 둘이 살았거든. 그런데 몇 달 전 함께 사냥을 나갔다가 스승님이 호랑이에게 그만 목숨을 빼앗기고 만 거야.

그 뒤로 사냥꾼은 스승님을 그리워하며 혼자 쓸쓸하게 살았어.

그러던 어느 날 밤이었어. 잠을 자려고 누운 사냥꾼은 슬피 우는 소리를 들었어.

"아들아! 흑흑흑……. 아들아!"

사냥꾼은 놀라서 벌떡 일어났어. 그리고 잘못 들은 것은 아닌지 귀를 후볐어.

"대나무 숲이 바람에 우는 소린가 산짐승이 새끼를 찾는 소리인가? 헛소리가 다 들리는군."

사냥꾼의 집은 워낙 깊은 산속이라 사람이 있을 리가 없었거든. 사냥꾼은 다시 잠을 청하려고 누웠어. 그러자 또다시 사람의 목소리가 들렸어.

"아들아! 그렇게 잠만 자는 게으름뱅이에게는 토끼 한 마리도 안 잡힐 것이다."

사냥꾼은 벌떡 일어나서 방문을 열었어. 돌아가신 스승님이 늦잠 자는 자신에게 입버릇처럼 하던 말이었거든.

"스승님!"

놀란 사냥꾼이 맨발로 뛰쳐나와 사방을 두리번거렸지만 어둠뿐 아무도 보이지 않았어.

"내가 지금 꿈을 꾸는 것인가?"

다시 방으로 들어가려던 사냥꾼은 갑자기 발걸음을 멈췄어. 뒷덜미로 서늘한 기운이 느껴졌거든. 사냥꾼은 조심조심 발을 옮겨서 부엌으로 향했어.

"나를 부른 것이 사람이 아니로구나. 범을 부리는 창귀로구나."

잽싸게 부엌문을 열고 안으로 들어간 사냥꾼은 바구니에 담긴 매실 한 줌을 꺼내 마당 밖으로 던졌어. 그러자 어디선가 노인의 모습을 한 귀신, 창귀가 나타나 매실을 주워 들고 걸신들린 듯이 먹어 치웠어.

"이놈, 내가 그럴 줄 알았다. 스승님의 목소리, 스승님의 얼굴로 나타났구나."

사냥꾼은 총을 들고 다시 밖으로 나갔어.

"스승님께서 창귀가 있는 곳에는 범이 있다고 하셨지."

　총을 든 사냥꾼이 마당으로 나갔지만 창귀는 매실을 먹느라 정신이 없었어. 사냥꾼은 장전한 총구를 이곳저곳 겨누면서 바짝 긴장했어.
　그때 갑자기 뒷간 쪽에서 집채만 한 호랑이가 나타났어. 호랑이가 앞발을 들고 으르렁거렸지. 천둥 같은 호랑이의 울음소리가 귓가를 때리자 사냥꾼은 다리가 후들후들 떨리고 이마에서 식은땀이 흘렀어.

"창귀가 돌보지 않는 호랑이는 힘이 없단다."

사냥꾼은 스승님의 말씀을 떠올렸어. 떨리는 손가락으로 호랑이의 이마를 향해 방아쇠를 당겼어.

타당!

총성이 온 산을 울리자 호랑이가 뒤로 나자빠졌어. 그 바람에 하늘이 울리고 산이 흔들렸지. 그 난리가 나자 창귀는 먹던 매실을 내던지고 죽은 호랑이를 보았어.

주인을 잃은 창귀는 슬프게 흐느꼈어.

"범이 죽었으니, 너도 자유롭게 네 갈 길을 가거라."

사냥꾼의 말에 창귀는 슬픈 노래를 흥얼거리면서 유유히 사라졌어. 슬

픈 노랫소리는 창귀의 모습이 보이지 않은 후에도 한참 동안 산을 맴돌았다고 해.

"귀신 피하려다 호랑이 만난다"라는 속담을 들어 봤니? 나쁜 일이나 상황을 피하려고 하다가 더 나쁜 일을 만났을 때 쓰던 속담이야. 그렇다면 옛날 사람들은 귀신보다 '범'이라고 부르던 호랑이가 더 무서웠을까?

1990년대만 해도 가정에서는 비디오테이프라는 것을 기계에 넣어서 영화를 봤어. 비디오테이프 대여점에서 빌린 영화를 보려면 항상 공익 광고가 먼저 나왔는데 "옛날 어린이들은 호환, 마마, 전쟁 등이 가장 무서운 재앙이었으나……." 광고는 이렇게 시작되었어. 불법 비디오가 당시 아이들에게 호환, 마마, 전쟁보다 위험한 것이라는 내용인데, 그 광고를 보면서 호환이 왜 무서웠을까 궁금해했던 것 같아. 호환은 호랑이의 습격, 호랑이 때문에 죽는 것을 말하고 마마는 천연두라는 전염병을 말해. 이젠 호환도 마마도 사라졌지만, 아직도 "호환 마마보다 더 무서운"이라는 말을 많이 쓰고 있어.

지금은 동물원에 가서 만날 수 있는 친근한 동물로 생각되는 호랑이가 조선 시대에만 해도 사람들을 마구 잡아먹는 무서운 존재였다고 해. 조선 시대에는 산속에 사는 호랑이가 마을로 내려와 사람들을 잡아먹기도 해서 큰 골치거리였대. 《조선왕조실록》(조선1대 태조부터 25대 철종까지 472년간을 기록한 역사책)에도 100회 이상 호랑이에 대한 피해가 실려 있고, 궁궐에까지 호랑이가 침입한 적도 여러 번 있었다고 해. 눈앞에서 사람과 가축을 잔인하게 잡아먹는 호랑이가 귀신보다 더 두렵고 무서운 존재였기에 이런 속담이 나왔던 거야.

마마신 퇴치

일제 강점기 석남 송석하 선생의 현지 조사 사진 카드. (1941)
"5월 31일, 장소 양주군 의정부 호동"이라고 쓰여 있다.
마마 퇴치를 위한 주술적인 방법으로, 짚으로 바구니를 만들어
그 안에 깃발을 꽂고 헝겊 등을 넣어 나무 아래에 놓아둔 것.

출처 국립 민속 박물관
명칭 마마신 퇴치   **소장품 번호** 석남 428

마마신 퇴치

일제 강점기 석남 송석하 선생의 현지 조사 사진 카드. (1936)
"울산군 동면 감포리"라고 기재되어 있다. 마마신을 퇴치하기 위한 주술적인 방법 가운데 하나로,
나무에 짚으로 인형 모양을 만들어 걸쳐 놓은 것임.

출처 국립 민속 박물관
명칭 마마신 퇴치 **소장품 번호** 석남 412

마마신 퇴치

일제 강점기 석남 송석하 선생의 현지 조사 사진 카드로
"서울 금화국교 근처"라고 쓰여 있음. 사진 내용은 마마신을 퇴치하기 위한 주술적인 방법으로,
짚으로 망태기 모양을 만들어 나무에 매달아 놓았음. 망태기에 든 내용물은 잘 모름.

출처 국립 민속 박물관
명칭 마마신 퇴치   **소장품 번호** 석남 613

호랑이를 위하여 창귀가 되다

고사성어에 '위호작창爲虎作倀'이라는 말이 있어. 호랑이를 위하여 창귀가 된다는 뜻인데 나쁜 사람의 앞잡이 노릇을 하는 것을 비유하는 말이야. 옛날 사람들은 무서운 호랑이 뒤에는 꼭 '창귀'라는 귀신이 붙어 다닌다고 생각했어.

창귀는 호랑이에게 잡아먹힌 사람이 귀신으로 변한 것이라고 생각했는데, 호랑이의 노예로서 시중을 들며 길 안내를 하고 먹잇감을 책임지는 임무를 맡게 된대. 그리고 다른 사람을 호랑이의 먹이로 불러들여야 비로소 자유의 몸이 된다고 했대.

그런데 고약하게도 이 창귀라는 녀석은 살아 있을 때 알고 지내던 사람을 불러서 호랑이의 먹이가 되게 했대. 그래서 "호랑이에게 물려간 사람이 있는 집안하고는 사돈도 맺지 않는다"라는 말이 있었대. 창귀가 가족은 물론, 이웃, 친척, 사돈의 팔촌에 이르기까지 아는 사람을 불러내 호랑이에게 바친다고 믿었기 때문이래.

창귀는 슬픈 노래를 부르거나 서럽게 울면서 아는 사람을 불러내는데 그 노래가 어찌나 구슬픈지 그 소리에 혹한 사람은 영락없이 호랑이의 먹이가 되었다고 해. 그래서 사람이 이유 없이 서럽게 울거나 슬픈 노래만 부르면 창귀가 씐 것으로 의심하기도 했대.

슬픔의 화신 창귀는 신 것을 좋아하는데, 특히 매실을 아주 좋아해서 매실을 주면 그것을 먹느라 정신이 팔려 호랑이를 호위하는 것을 잊었대. 그러면 호랑이에게 위험이 닥쳤다지. 창귀가 먹는 것에 정신이 팔려 딴짓을 하면 호랑이의 힘이 약해져서 그 순간에는 사냥을 할 수 있는 기회라고 생각했거든. 앞의 사냥꾼 이야기에서도 호랑이에게 잡아먹힌 스승님의 모습으로 창귀가 나타났잖아. 사냥꾼은 스승님이 살아 계실 때 일러 준 대로 창귀가 좋아하는 매실을 던져 정신을 팔리게 한 다음 호랑이를 잡았지. 이렇게 호랑이가 창귀라는 귀신과 합체가 되어야 진정 막강한 힘을 낸다고 믿었던 것 같아.

사람들은 호랑이에게 당한 시신을 수습한 자리에 돌무덤을 쌓았는데, 이 무덤을 '호식총'이라고 했어. 호식총 위에는 시루(떡을 찌는 질그릇)를 뒤집어 엎고 시루의 구멍에 실을 만드는 물레용 쇠꼬챙이를 꽂아 두었대. 이렇게 하면 창귀가 시루 안에 갇혀서 물레가 돌듯 영원히 맴돌면서 나오지 못한다고 생각했지. 호랑이가 자주 나타나던 태백산과 강원도 지역에서는 아직도 호식총과 그 흔적을 쉽게 만나 볼 수 있다고 해.

호식총을 만들어 창귀가 나타나는 것을 막을 뿐 아니라 무당을 불러 범

굿을 벌여서 호랑이에게 물려 죽은 영혼을 위로하기도 했어.

조선 시대에는 호랑이 때문에 많은 피해를 입자, '착호군'이라고 부르는 호랑이를 잡는 군대가 만들어졌고 본격적으로 호랑이 사냥이 시작되었어. 그때는 산을 갈아엎어서 밭으로 만들어 농사를 짓던 화전민들이 호랑이의 피해를 가장 많이 입었는데, 수많은 백성이 호랑이에게 물려 죽임을 당하자 나라에서 호랑이를 잡아 바치는 사람은 세금을 면제해 주거나 신분을 올려 주는 큰 포상을 하기도 했대. 뿐만 아니라 호랑이의 모피는 권위의 상징이 되어 아주 비싸게 거래되었고, 특히 외국인들이 호랑이 가죽을 귀하게 여기고 좋아했대.

일제 강점기에는 일본인들이 무차별적으로 호랑이를 토벌하기도 했어. 우리 땅의 그 많던 호랑이들은 결국 1921년 경주 대덕산에서 잡힌 호랑이를 마지막으로 그 자취를 찾아보기 힘들게 되었고, 1996년 4월 우리 환경부가 국제 기구에 제출한 보고서에 따라 대한민국 땅에서 호랑이의 멸종이 공식화되었어.

중국 속담에 "조선 사람들은 일 년의 반을 호랑이를 쫓느라 보내고 나머지 반은 호랑이에게 잡아먹힌 사람의 문상을 하면서 보낸다"라는 말이 있었다 하니, 조선 땅에 호랑이가 얼마나 많았는지 알겠지? 그 많았던 호랑이가 사라지면서 창귀의 존재도 자연스럽게 잊히게 되었지. 만약 우리 호랑이가 더 오래 남아 있었다면 창귀에 대한 무섭고도 재미있는 전설도 더 많이 전해졌을지도 몰라.

용맹한 호랑이

이 그림은 현재 심사정(1707~1769)의 낙관이 있어 한때 그의 것으로 알려졌으나
화면에 있는 갑오甲午의 간기가 1714년 혹은 1774년으로서 심사정의 활동 연대와 맞지 않아
필자 미상으로 밝혀진 그림이다. 그림에 쓰인 글은 다음과 같다.

獰猛磨牙孰敢逢 愁生東海老黃公
于今跋扈橫行者 誰識人中此類同

용맹스럽게 이를 가니 감히 맞설 수 있겠는가?
동해의 늙은 황공은 시름이 이니
요즈음 제멋대로 횡포를 부리는 자들
이 짐승과 똑같다는 걸 누가 알까.

출처 국립 중앙 박물관 **명칭** 용맹한 호랑이 **다른 명칭** 맹호도, 猛虎圖
시대 조선 **소장품번호** M번 67

송도 말년의 불가사리

고려 말에 신돈이라는 승려가 있었어. 신돈은 공민왕의 신임을 얻어서 막강한 권력을 쥐고 정치를 했던 인물이야.

신돈이 권력을 잃게 되자 나라에서는 신돈은 여우가 사람으로 변신한 요승(규칙을 어지럽히는 요사스런 승려)이라며 신돈을 비롯한 승려들을 모두 잡아들이라는 명이 내려졌대.

절에 있던 승려들은 살려고 뿔뿔이 흩어져 도망을 갔는데, 그중 한 승려가 여동생의 집에 숨게 되었지. 여동생은 오빠인 승려를 벽장 안에 숨겨 주고 먹을 것을 가져다주었어. 벽장 안에서 며칠을 지낸 승려는 무료해지자 먹다 남은 밥알을 뭉쳐 조그만 짐승 인형을 만들었지. 그런데 이 인형이 땅에 떨어진 바늘을 주워 먹고 살아 있는 짐승처럼 움직이는 거야.

승려는 이 신기한 짐승에게 바늘을 먹이며 따분한 나날을 견디고 있었어. 그러던 어느 날 승려의 여동생이 외출하고 돌아와 남편에게 말했어.

"여보, 지금 오라버니를 관아에 신고하고 오는 길이에요. 우린 곧 큰 상금을 받아 부자가 될 수 있어요."

여동생이 오빠를 팔아넘기고 재물을 얻으려고 했던 거야. 사내는 아내의 말을 듣자 버럭 화를 냈어.

"아무리 재물이 좋다고 해도 어찌 피를 나눈 가족을 팔아넘긴단 말이오. 당신이 이런 사람이었다니 큰 실망이오."

사내는 잘못을 뉘우치는 아내를 외면하고 서둘러 승려를 피신시켰어.

"어서 도망가세요. 곧 이곳으로 사람들이 들이닥칠 것입니다."

승려는 급히 여동생의 집을 떠나면서 목숨을 살려 준 매제(여동생의 남편)에게 쪽지 하나를 남겼어.

"만약 어떤 큰일이 닥치면 이 종이를 열어 보시오."

승려가 떠나고 난 뒤 집 안에 남은 짐승은 집 안의 바늘을 다 먹어 치우고 점점 몸을 불려 나갔어. 바늘이 떨어지자 쇠붙이를 몽땅 먹었고 집 안에 더는 먹을 쇠가 없자 밖으로 나가 온 나라의 쇠라는 쇠를 다 먹어 치웠지. 쇠를 잔뜩 먹은 짐승은 커다란 괴물이 되었고 사람들은 이 괴물이 무서워서 벌벌 떨었어. 그러자 나라에서는 군사를 보내 괴물을 잡으려고 했지. 군사들이 활을 쏘고 창으로 공격했지만 소용없었어. 바늘 같은 털과 쇠톱 같은 이빨을 가진 괴물을 죽일 수 있는 무기는 그 어디에도 없었지.

이때 사내는 승려가 주고 간 쪽지가 생각났어. 쪽지를 열어 보자 이런 글이 나왔어. "불가살이 화가살(不可殺以火可殺), 죽일 수 없지만, 불로 죽일 수 있다." 그것은 괴물을 불로 죽일 수 있다는 뜻이었어.

"옳지, 쇠를 먹어서 자란 놈이니 불로 녹일 수 있겠구나."

사내는 괴물에게 불을 붙여서 녹여 없애고 그 공으로 큰 벼슬을 얻게 되었대.

불가사리는 한자식 발음으로 불가살이라고도 했어. 이 괴물에 대한 전설은 다양해. 승려 신돈이 만들었다고 전해지기도 하고 이름 모를 여인이 만들었다고 전해지기도 하는데, 쇠를 먹고 몸집을 불려가다가 결국 불에 녹아 사라진다는 이야기는 비슷하지.

"송도 말년의 불가사리"라는 속담이 있어. 쇠를 닥치는 대로 먹어 치우는 불가사리처럼 무식하게 횡포를 부리는 사람을 비유하는 말이라고 해.

불가사리는 쇠를 먹는 우리나라 전설의 괴물인데, 생긴 모습도 참 희한해. 몸통은 곰처럼 생기고 코끼리의 긴 코를 가졌고 호랑이의 발에 황소의 꼬리를 달고 쇠톱 같은 이빨이 나 있으며 바늘 같은 털로 뒤덮여 있다는데, 이야기마다 조금씩 생김새가 다르게 기록되어 있어. "송도 말년의 불가사리"라는 말을 살펴보자면, 송도란 고려의 수도였던 개성을 말하고 송도 말년, 그러니까 고려 후기에 나타나 횡포를 부린 불가사리를 뜻하지. 불가사리가 나타난 후에 고려가 망하고 조선이 건국되면서 불가사리는 나라가 망할 때 나타나는 괴물로 여겼어. 불가사리는 왜 하필 쇠를 먹어 치우는 괴물이었을까?

나라가 망하고 새로운 나라가 세워지는 과정에는 늘 전쟁이 있었어. 전쟁에 사용되는 무기는 주로 쇠붙이로 만들어서 전쟁 통에는 농사를 짓던 농기구까지 모두 녹여 무기를 만들기도 했지. 그러면 당장 농사를 지어 먹고 살아야 하는 백성들은 어땠겠어? 불가사리가 쇠붙이를 먹어 치우는 것은 전쟁에 시달리는 백성들의 괴로움을 반영한 것이 아닐까 싶어.

한편으로는 불가사리를 재앙이나 화재를 예방해 주는 영험한 존재로도 생각해서 그 모습을 병풍이나 굴뚝에 그려 넣기도 했대.

송도 말년 불가살이

쇠를 먹어 치우는 괴수인 불가사리가 등장하는 작자 미상, 연대 미상의 신소설
《불가살이전》 책으로 표지에 불가사리 그림이 그려 있다.

출처 국립 한글 박물관
명칭 (송도 말년)불가살이전 **소장품 번호** 한기 5269

강철이 가는 데는 가을도 봄 같다

옛날 경남 밀양의 석골사라는 절에 주지 스님(절의 총책임자인 스님)과 상좌(제자) 스님이 살았어.

주지 스님은 상좌 스님의 스승이었지만, 제자인 상좌 스님이 인품도 뛰어나고 아는 것도 많아서 사람들이 상좌 스님만 따르자 속으로 질투가 났지. 그래서 주지 스님은 늘 상좌 스님의 흠을 찾아내 혼낼 구실을 찾고 있었어. 하지만 워낙 훌륭한 인품을 가진 상좌 스님은 티끌만 한 잘못도 저지르지 않았지. 그러던 어느 날 주지 스님과 상좌 스님이 보리가 익어가는 들판을 나란히 걷게 되었어.

"올해 보리 농사가 잘 되었으니 굶는 사람들이 줄어들겠군요."

상좌 스님은 잘 익어가는 보리를 보고 흐뭇한 마음에 쓰다듬으려고 손을 내밀었다가 그만 보리 이삭을 훑고 말았어.

"아이쿠, 이런 낭패가. 귀한 이삭이 떨어졌으니 이를 어쩌면 좋겠습니까."

주지 스님은 상좌 스님의 실수에 속으로 환호성을 질렀지.

"아직 채 익지도 않은 이삭을 버리게 만들었으니, 죄를 지었으면 응당 벌을 받아야지."

주지 스님은 들고 있던 지팡이로 상좌 스님의 머리를 내리쳤어.

"지금껏 너는 사람들의 존경을 받았지만, 이제 괴물로 변해서 사람들의 미움을 한 몸에 받아 보거라!"

상좌 스님은 주지 스님의 말대로 괴물로 변했어. 몸집은 망아지와 같고 머리는 용 같기도 하고 사자 같기도 한 기이한 괴물이었지.

"너는 곡식을 병들게 하는 깡철이가 되었으니, 사람들에게 굶주림과 고통을 주는 괴물일 뿐이다. 하하하하."

주지 스님이 통쾌하다는 듯 웃자 괴물로 변한 상좌 스님이 하늘을 향해 울부짖었어.

상좌 스님의 울음소리에 하늘에서는 비와 우박이 섞여 내리기 시작했지. 괴로움에 울부짖던 괴물은 비와 우박을 뚫고 어디론가 사라졌어. 그 뒤 보리가 익을 무렵이면 깡철이라고도 부르던 강철이라는 괴물이 나타나 농사지은 밭 위를 뛰어다녔대. 그러면 가뭄이 생기기도 하고 비가 너무 많이 오기도 해서 홍수가 나기도 했다지 뭐야.

옛날에 자주 쓰던 속담 중에 "강철이 가는 데는 가을도 봄 같다"라는 속담이 있어. 강철이 지나가면 곡식이 풍요로워야 할 가을인데도 봄처럼 먹을 것이 없다는 이야기인데, 운이 나빠서 가는 곳마다 불행한 일이 일어나거나 못된 사람의 방해로 일을 그르치는 것을 비유해서 쓰던 속담이라고 해.

재미있는 우리말

'낭패'라는 말은 어떻게 생겼을까?

'낭패(狼狽)'는 계획했던 일이 잘못되거나 기대에 어긋났을 때 사용하는 말이야. 낭(狼)은 늑대 과의 이리를 뜻하는 이리 '낭'이고 패(狽) 역시 이리를 뜻하는 패야. 그러나 낭패는 전설 속에 나오는 동물 이름이라고 해. '낭'은 뒷다리가 없거나 짧은 동물이지만 매우 용맹했고, '패'는 앞다리가 없거나 짧은 동물이며, 꾀가 많았지만 겁쟁이였어. 그래서 이 두 동물은 항상 같이 다니며 협력해야 했지. 그런데 두 동물이 싸우는 날에는 아무것도 할 수 없었대. 이렇게 낭패가 서로 다투어 아무것도 할 수 없게 된 때 '낭패'라고 했어.

'누비다'라는 말은 어떻게 생겼을까?

해가 떨어지는 줄도 모르고 동네를 돌아다니면서 놀다가 늦게 들어온 경험이 있다면 "어딜 그렇게 누비고 다니다가 이제 들어오니?"라는 핀잔을 한 번쯤 들어 봤을 거야. '이리저리 거침없이 쏘다닌다'라는 뜻을 가진 '누비다'라는 말은 원래 스님들이 입고 다니던 옷에서 나온 말이야.

'납의(衲衣)'라고 불리던 스님들의 옷은 사람들이 버린 낡은 옷을 기워서 만든 옷으로 '납의'의 '납(衲)'자는 해진 곳을 꿰매어 깁다는 뜻을 가졌다고 해. 이 '납의'라는 말이 '나비'가 되었다가 '누비'로 변화했다고 하는데, 헝겊 사이에 솜 등을 넣고 가로 세로로 줄이 지게 박음질하는 바느질의 형태처럼 사람이 거침없이 다니는 행동에 빗대어 사용했다고 해.

귀신 씻나락 까먹는 소리한다

곡우(이십사절기의 하나로 양력 4월 20일 무렵)를 맞아 봄비가 촉촉하게 내리자, 한 농부가 들판을 바삐 걸어갔어. 농부는 밭을 갈고 씨를 뿌리느라 하루를 일 년처럼 고되게 살았는데, 곧 다가올 입하(이십사절기의 하나로 여름의 시작. 양력으로는 5월 5일 무렵)에는 모내기를 해야 했기 때문에 한숨 돌릴 시간도 없이 바빴지. 날이 저물어 밭을 갈던 곡괭이를 어깨에 멘 채 집으로 들어가려고 하니, 집 안에서 농부의 아내가 뛰어나오며 말리는 게 아니겠어.

"아니, 지금 이 꼴로 집에 들어오려고 그래요?"

"바쁜데 왜 또 바가지를 긁으시오?"

아내는 농부의 곡괭이를 가리키며 물었어.

"이게 뭐예요?"

"별것 아니오. 땅을 파는데 뱀 한 마리가 기어 나오기에 괭이로 잡았지."

곡괭이

단단한 땅을 파는데 사용되는 도구.
황새의 부리처럼 양쪽으로 길게 날을 내고 가운데 구멍에 긴 자루를 박은 형태.

출처 국립 민속 박물관
명칭 곡괭이 **소장품 번호** 민속 80981

농부의 말대로 곡괭이 끝에 반쯤 잘려 나간 뱀이 매달려 있었어.

"볍씨를 담그는 집에 이런 흉한 것을 달고 들어오면 어떡해요?"

"아, 그렇지. 내가 깜빡했네!"

농부는 집 앞에 불을 피우고 곡괭이에 붙은 뱀을 태웠어.

"나쁜 귀신아, 훠이! 저리 물러가라."

아내가 소금을 뿌리며 큰소리로 외치자 농부는 불 위를 껑충 뛰어넘었어.

그리고 며칠이 흐른 깊은 밤이었어. 농부의 아내가 밖에서 들려오는 부스럭거리는 소리에 잠이 깨서 농부를 흔들어 깨웠어.

"여보, 밖에 누가 있는 것 같아요. 얼른 일어나 나가 봐요."

농부는 귀찮아서 못 들은 척 코를 골았지.

"이 양반이! 누가 들어와서 우리 볍씨에 해코지라도 하면 어떡해요?"

"누가 그런 짓을 한다고 그래. 바가지 좀 그만 긁고 자."

코를 골던 농부는 짜증을 내며 돌아누웠어. 아내는 하는 수 없이 혼자 밖으로 나갔어.

어둠 속에 뭐라도 나타날까 봐 무서워 다듬이 방망이를 손에 꼭 쥔 아내는 소리가 나는 창고를 향해 조심조심 걸어갔지. 어둠 속에서 희미한 달빛만이 아내의 걸음을 밝혀 주었어.

아내가 창고 앞에 다다르자 안에서 들리던 부스럭 소리가 멈췄어.

"누구냐? 귀신이든 사람이든 썩 물러가라!"

아내는 떨리는 목소리로 소리치며 창고 문을 열었어.

창고 안에서 머리를 풀어 헤친 사람 비슷한 것이 보이는 거야. 농부 부부가 정성스럽게 물에 담가 놓은 볍씨를 게걸스럽게 집어먹고 있었어.

"뭐 하는 놈이냐!"

아내는 정성 들인 볍씨가 망가지게 생기자 용기를 내서 방망이를 휘둘렀어. 방망이에 머리를 맞은 그것이 창고 밖으로 도망치려고 하자 아내는 그것의 머리채를 휙 낚아챘지.

"잡았다, 이놈!"

그러나 그것은 아내 손에 머리카락을 남긴 채 창고 밖으로 달아나 버렸어. 황당한 아내는 손에 쥔 머리카락을 내려다보았어. 아내의 손에는 머리카락 대신 농부가 곡괭이로 찍어 죽였던 뱀의 꼬리가 쥐어 있었지 뭐야. 놀란 아내는 그 자리에서 기절해 버렸어.

날이 밝자 아내에게 간밤의 일을 들은 농부는 창고로 가서 조심스레 볍씨 상태를 확인했어. 그런데 아내의 말대로 볍씨의 반 이상이 싹을 틔우지 못한 거야.

"이것 봐요. 당신이 죽인 뱀 귀신이 볍씨를 다 까 먹었어요."

아내의 말에 농부가 나무랐어.

"귀신 씻나락 까먹는 소리 그만해. 다 우리 정성이 모자랐던 것인데 누굴 탓하겠어."

농부와 아내는 볍씨를 보며 한숨만 푹푹 쉬었대.

옛날 우리 조상들은 대부분 농사를 지어 먹고살았어. 귀한 쌀농사를 지으려면 먼저 벼의 씨가 되는 볍씨를 물에 담가 불려서 싹이 트길 기다렸는데 싹을 틔우기까지 나쁜 일을 해서도 안 되고 좋지 않은 것을 봐도 안 된다고 믿었어.

볍씨의 싹을 틔우는 일은 일 년 벼농사를 좌우하는 중요한 일이었기 때

문에 조심하고 금지하는 일이 많았던 거야. 밖에서 좋지 않은 것을 보거나 나쁜 사람을 만났을 때는 불을 피우고 그 위를 건너 나쁜 기운을 몰아내거나 소금을 뿌려서 몸을 깨끗하게 한 뒤 집 안으로 들어왔지.

그런데 굶어 죽게 생겨도 손대지 않았던 귀한 볍씨가 기대만큼 싹을 틔우지 못했을 때, 사람들은 귀신이 숨어 들어와서 볍씨를 몰래 까먹었다고 말했대. 진짜 귀신이 씻나락을 까먹었겠어? 말도 안 되는 이야기지. 사람의 힘으로 어쩔 수 없는 일이었다는 체념의 말이었을 거야. 그래서 "귀신 씻나락 까먹는다"라는 속담이 생겨났다고 하는데, 씻나락은 볍씨를 이르는 말로 이치에 맞지 않은 이야기나 엉뚱한 소리를 할 때 쓰는 속담이야.

 재미있는 우리말

'바가지를 긁다'라는 말은 어떻게 생겼을까?

옛날에는 귀신을 쫓는 용도로 바가지를 긁어서 시끄럽고 요란한 소리를 냈어. 전염병을 옮기는 귀신을 내쫓으려고 굿을 벌이면 소반 위에 바가지를 올려놓고 긁어서 귀신이 싫어하는 소리를 냈다고 해. 그래서 잔소리를 하거나 듣기 싫은 소리를 할 때 '바가지를 긁는다'라는 말을 쓰게 되었대.

바가지

박을 반으로 갈라서 만든 바가지.

출처 국립 전주 박물관
명칭 바가지　**소장품 번호** 전주 1293

도깨비를 사귀었나

옛날 어느 마을에 삯바느질(대가를 받고 바느질해 주는 일)을 해서 하루하루를 살던 가난한 여인이 있었대. 이 여인은 그다지 바느질 솜씨도 뛰어나지 못해서 일감을 많이 가져오지도 못했대. 그래서 늘 가난하고 배고팠지. 그러던 어느 날 여인은 메밀로 만든 묵이 너무나 먹고 싶어서 있는 돈을 탈탈 털어 메밀을 아주 조금 사왔어. 그리고 메밀가루를 내서 정성껏 묵을 쑤었지. 묵의 구수한 냄새가 풍기자 여인은 부자가 된 것같이 행복했어.

그런데 이 구수한 메밀묵 냄새에 홀딱 반한 누군가가 또 있었어. 바로 도깨비라는 녀석이었지. 도깨비는 여인의 앞에 나타나 게걸스럽게 침을 흘리며 말했어.

"메밀묵 좀 나눠 먹읍시다. 내가 대신 좋아하는 것을 주겠소."

여인은 놀랐지만, 도깨비의 기분만 잘 살피면 많은 재산을 얻을 수 있다는 소문을 들었기에 침착하게 말했어.

"얼마든지 드세요. 만약에 도깨비님께서 쌀을 창고에 가득 채워만 준다면 이깟 메밀묵은 매일 쒀 드릴 수도 있지요."

도깨비는 여인이 내어 주는 메밀묵을 맛있게 먹으면서 말했어.

"쌀이라? 그건 뭐 누워서 떡 먹기지. 지금 당장 창고로 가 보시오."

여인이 달려가서 창고 문을 열자 텅텅 비었던 창고는 쌀가마니로 가득했어. 여인은 너무나 행복했지. 그날 이후로 도깨비는 여인의 집에 살면서 좋아하는 메밀묵을 실컷 먹게 되었어. 여인은 메밀묵을 쑤어 바칠 때마다 비단옷, 예쁜 꽃신, 값비싼 금비녀 등 원하는 것을 얻을 수 있었어. 하지만 살기 편해지자 메밀묵 쑤는 일이 귀찮아지기 시작했어.

여인은 메밀가루에 대충 물을 붓고 성의 없게 젓는 둥 마는 둥 하며 투덜거렸어.

"이제 더 달라고 할 것도 없는데, 도깨비 녀석 이제 그만 우리 집에서 나가 버렸으면 좋겠네. 아이 귀찮아."

여인은 혼잣말로 짜증을 냈지만, 귀 밝은 도깨비가 그만 그 말을 듣고 말았어.

"뭣이! 요즘 들어 메밀묵이 맛이 없다 했더니. 음식은 정성이거늘 그런 고약한 마음을 먹고 쑤는 메밀묵이 맛있을 리가 없지. 이 괘씸한 것 같으니!"

여인은 깜짝 놀라서 부엌 바닥에 바짝 엎드려 빌었어.

"도깨비님 죄송합니다. 제가 잠시 미쳤나 봅니다. 한 번만 용서해 주시면 다시 정성을 다해 메밀묵을 만들겠습니다."

"필요 없다! 그동안 네가 원하는 물건을 주었으니, 이제 네가 싫어하는 물건들로 너희 집을 가득 채워 너를 혼내 줄 것이다. 목숨이 아깝거든 네가 가장 싫어하는 것을 당장 말해라."

도깨비의 말에 여인은 겁이 났지만, 한편으로는 꾀가 떠올랐어.

"도깨비님이 주신 재물로 저는 편하게 살면서 게으름이라는 고치지도 못

할 못된 병에 걸렸습니다. 그래서 마음과는 달리 메밀묵도 대충 쑤었지요. 아무래도 돈 때문에 병이 심해져서 저는 곧 죽지 않을까 싶습니다. 돈이 가장 싫고 무섭습니다. 흑흑."

여인은 도깨비 앞에서 눈물을 뚝뚝 흘리면서 대성통곡했어. 도깨비는 여인의 말에 잔혹한 미소를 지었지.

"그래, 넌 돈에 파묻혀서 괴롭고 비참하게 죽을 것이다. 하하하!"

도깨비는 여인의 집을 떠나면서 마당 가득 돈을 쌓아놓았어. 덕분에 꾀가 많은 여인은 도깨비도 내쫓고 큰 부자가 되었다고 해.

속담에 "도깨비를 사귀었나"라는 말이 있어. 이 말은 까닭도 모르게 재산이 부쩍부쩍 늘어갈 때에 썼다고 해. 여인과 도깨비 이야기처럼 도깨비는 장난기가 많아서 사람을 골탕먹이기도 하지만, 사람에게 재물을 가져다주는 존재라고 믿기도 해서 이런 속담이 생긴 거야. 사람의 얕은꾀에 넘어가 오히려 돈을 잔뜩 가져다준 것처럼 도깨비는 대체로 머리가 나쁘다고 했는데, 도깨비에 얽힌 이런 이야기가 가난한 사람들에게 막연한 희망을 주기도 했대.

무시무시한 속담

귀신도 빌면 듣는다
→ 귀신도 빌면 듣는데 사람이라면 남이 간절히 부탁하는데 들어주지 않을 수 없다는 뜻이야. 우리 조상들이 귀신에게 어떤 일을 잘되게 해 달라고 빌기도 했던 것을 알 수 있어.

귀신 듣는 데서 떡 소리 한다
→ 떡을 좋아하는 귀신 앞에서 떡 이야기를 하면 좋아하듯이 사람 앞에서 그 사람이 좋아하는 이야기를 할 때를 비유하는 말이야. 귀신이 떡을 무척 좋아했나 봐.

사람은 인정에 막히고 귀신은 경문에 막힌다
→ 불경을 읽으면 귀신이 꼼짝 못 하듯이 사람은 인정 때문에 딱한 사정을 듣고 그냥 넘기지 못한다는 뜻으로 쓰였어.

돈만 있으면 귀신도 부릴 수 있다
→ 돈만 있으면 귀신도 마음대로 부릴 수 있듯, 돈만 있으면 세상에 못할 일이 없다는 말을 비유적으로 하는 말이야. 과연 모든 일이 돈으로만 해결될까?

말 안 하면 귀신도 모른다
→ 당연히 알아줄 거로 생각해서 애만 태우지 말고 무슨 말이든 해야 상대방이 안다는 뜻으로 쓰이지. 친구나 가족에게 고마운 마음이나 서운한 마음도 말을 해서 표현하는 습관을 가지도록 하자.

세 살 적부터 무당질을 하여도 목두기라는 귀신은 처음 듣는다
→ 목두기는 목둣개비라는 귀신을 말하는데, 귀신을 불러내거나 쫓는 무당도 처음 들을 만큼 낯설다는 의미로 많은 경험을 해봤지만 이런 일은 처음 듣는 일이라는 것을 강조하기 위해서 쓰던 속담이야.

우물귀신 잡아넣듯 한다
→ 우물에 빠져 죽은 귀신은 그 우물에 자기 대신 다른 사람을 잡아넣어야 빠져나올 수 있었다고 해. 그래서 자신이 살기 위해서 남을 끌어들여 곤란하게 할 때에 쓰였대.

자발 없는 귀신은 무랍도 못 얻어먹는다
→ 자발없다는 뜻은 말과 행동이 조심성 없고 경솔하다는 뜻이고, 무랍은 귀신을 불러오거나 쫓는 굿을 할 때 귀신을 위해서 내주는 물에 만 밥을 말한대. 이 속담은 너무 경솔하게 굴면 마땅히 받아야 할 대접도 못 받는다는 뜻이야.

집안 귀신이 사람 잡아간다
→ 가까운 사람에게 해를 입었을 때 하는 말이야. 이런 속담이 나온 것을 보니 가까운 사람도 좋은 사람인지 확인해 봐야 할 것 같아.

밥 한 알이 귀신 열을 쫓는다
→ 사람이 귀신이 붙은 듯 기운이 없고 허약해져도 잘 먹고 몸을 돌보면 회복할 수 있다는 뜻으로 쓰였던 속담이야. 우리 어린이들도 골고루 잘 먹고 튼튼하게 자라길 바라.

삶이 오래면 지혜요, 물건이 오래면 귀신이다
→ 사람은 오래 살수록 경험이 쌓여서 지혜를 얻지만, 물건은 오래되면 쓸모없어진다는 뜻으로 하던 말이야. 사람 곁에서 오래 쓰이다 버려진 물건들이 도깨비가 되었다고 하지.

제사상에 놓는 떡이 커야 귀신이 좋아한다
→ 제사상에 놓는 떡도 커야 귀신이 좋아하듯이 무엇이든 넉넉하게 대접해야 상대가 좋아한다는 말이야. 귀신도 후하게 대접하던 우리 조상들의 인심을 볼 수 있는 속담이야.

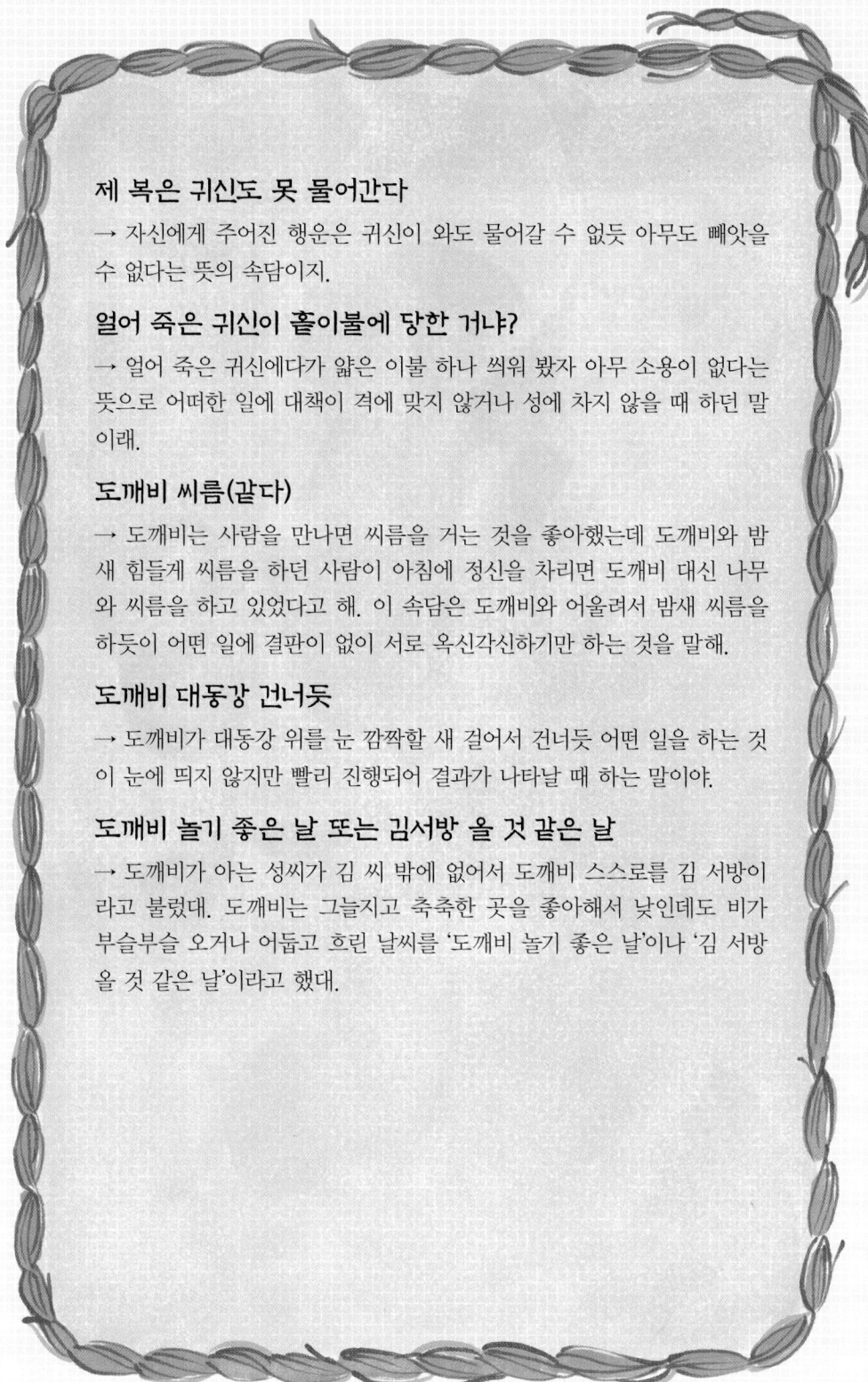

제 복은 귀신도 못 물어간다
→ 자신에게 주어진 행운은 귀신이 와도 물어갈 수 없듯 아무도 빼앗을 수 없다는 뜻의 속담이지.

얼어 죽은 귀신이 홑이불에 당한 거냐?
→ 얼어 죽은 귀신에다가 얇은 이불 하나 씌워 봤자 아무 소용이 없다는 뜻으로 어떠한 일에 대책이 격에 맞지 않거나 성에 차지 않을 때 하던 말이래.

도깨비 씨름(같다)
→ 도깨비는 사람을 만나면 씨름을 거는 것을 좋아했는데 도깨비와 밤새 힘들게 씨름을 하던 사람이 아침에 정신을 차리면 도깨비 대신 나무와 씨름을 하고 있었다고 해. 이 속담은 도깨비와 어울려서 밤새 씨름을 하듯이 어떤 일에 결판이 없이 서로 옥신각신하기만 하는 것을 말해.

도깨비 대동강 건너듯
→ 도깨비가 대동강 위를 눈 깜짝할 새 걸어서 건너듯 어떤 일을 하는 것이 눈에 띄지 않지만 빨리 진행되어 결과가 나타날 때 하는 말이야.

도깨비 놀기 좋은 날 또는 김서방 올 것 같은 날
→ 도깨비가 아는 성씨가 김 씨 밖에 없어서 도깨비 스스로를 김 서방이라고 불렀대. 도깨비는 그늘지고 축축한 곳을 좋아해서 낮인데도 비가 부슬부슬 오거나 어둡고 흐린 날씨를 '도깨비 놀기 좋은 날'이나 '김 서방 올 것 같은 날'이라고 했대.

제4장

역사를 만든 귀신들

귀신은 대포로 물리치십시오!

성종 임금이 신하들을 모아 놓고 회의를 하고 있었어. 한 신하가 말했지.

"전하, 성안에 귀신이 많습니다. 영의정 정창손의 집에 귀신이 있어 집 안의 물건을 마구 옮기고 이두의 집에도 귀신이 있어서 사람들을 괴롭힌다고 합니다."

성종 임금은 평소 귀신을 믿지 않았지만, 신하들이 자꾸만 귀신 이야기를 하자 해결 방법을 생각해 보고자 했어.

"귀신을 물리칠 방법이라도 있는가?"

그때 한 신하가 말했어.

"대포를 쏘아서 귀신을 잡는 것이 어떻겠습니까?"

"그깟 귀신을 잡겠다고 귀한 대포를 쏘아서야 되겠는가? 마음을 다스리고 귀신을 무시하면 귀신은 자연히 사라질 것이오."

성종 임금은 이렇게 말을 했지만, 귀신에 시달리는 신하가 걱정되어 며칠 뒤 이두를 불러 귀신에 관해 물었어.

"아직도 집에 귀신이 나타나는가?"

"예, 저는 그 귀신을 본 적이 없지만, 식구들의 이야기를 들어 보면 아직 귀신이 나타나 창문 종이를 찢고 기왓장을 던지기도 하는 모양입니다. 이 귀신은 상체는 보이지 않고 하체만 보이는데, 더러운 치마를 입었다고 합니다. 아무래도 10년 전에 죽은 고모인 듯하온데, 나타나서 음식을 내어 오라고 소리를 지르기도 하고 집안일에 참견하기도 한답니다."

성종 임금은 희한한 귀신의 이야기에 호기심이 생겼어.

"참으로 이상한 귀신이구나. 귀신에게 해를 입은 사람은 없는가?"

"크게 다친 사람은 없고 하인들과 신의 처가 귀신이 던진 기왓장에 머리를 맞은 적이 있긴 하옵니다."

이두의 말을 듣고 걱정이 되었던 성종 임금은 그 뒤로도 귀신에 관해 물어보았대. 이두는 귀신 때문에 결국 이사를 하였지만 소용없어서 결국 식구들을 데리고 절에 들어가 살다가 집에 돌아갔는데, 다행히 그 이후로는 귀신이 나타나지 않았다고 해.

성종 임금과 귀신 이야기는 조선의 역사 기록 문서인 《조선왕조실록》에 실제 기록된 이야기야. 귀신들의 이야기를 하다 보면 그 시절의 생활 모습과 역사가 보이기도 하는데, 특히 《조선왕조실록》에는 귀신 이야기가 많이 실려 있어. 그리고 《성종실록》에 유독 귀신 이야기가 많이 기록되어 있다고 해. 《성종실록》에 귀신 이야기가 많았던 이유는 무엇일까? 성종 임금은 유독 신하들의 말을 잘 들어주던 임금님이었대. 그러다 보니 신하들이 세상에 떠도는 이런저런 이야기를 많이 전했고 그래서 자연스레 귀신 이야기도 많이 실려 있었던 것 같아.

천자총통

조선 시대 화포(대포)로 불씨를 손으로 점화·발사하는 화포(火砲)이고, 천(天)자는 천자문의 첫 자로 만든 순서를 표시하는 기호이다.

출처 강화 역사 박물관
명칭 천자총통 **소장품 번호** 역사박물관 100140

귀신들의 두목, 비형랑

"비형랑이 어젯밤에도 궐 밖으로 나가더냐?"

"예, 어제도 병사들이 서쪽 언덕까지 따라갔지만 놓쳤다고 합니다."

신라의 26대 왕인 진평왕은 고민에 빠졌어. 사촌 동생인 비형랑이 밤마다 궁궐을 빠져나가 귀신을 모아 놓고 논다는 소문이 온 나라에 파다해 왕족의 체면이 말이 아니었거든. 비형랑은 전 왕인 진지왕과 도화녀라는 여인 사이에서 낳은 아이였어. 그런데 신기하게도 살아 있는 진지왕이 아니라 혼령이 된 진지왕과 도화녀와 만나 낳은 아이였던 거야. 그래선지 비형랑이 귀신을 불러 모은다는 소문이 더 그럴싸하게 들렸지. 비형랑을 곁에 두고 아끼던 진평왕은 이런 소문에 휩싸인 비형랑이 걱정이 되어 불러 물었어.

"네가 매일 밤 귀신을 불러 논다는 것이 사실이냐?"

비형랑은 대수롭지 않다는 듯 대답했어.

"예, 사실입니다. 귀신들이 제 말을 아주 잘 듣는 부하거든요."

"귀신들이 왜 너의 말을 잘 따르는 것이냐?"

진평왕은 그것이 아주 궁금했어. 귀신들이 사람을 따른다는 것이 말이 안 되는 이야기잖아.

"제가 진지왕의 혼령과 사람 사이에서 태어난 반신반인(半神半人: 반쪽은 신 반쪽은 사람)이라 저를 두려워한다고 합니다."

"그렇다면 귀신들이 네가 시키는 일은 무엇이든 한다는 말이냐?"

진평왕은 비형랑을 시험해 보고 싶어졌어.

"신원사라는 절 옆 개울이 깊어 다리를 놓을 수 없다고 하니 귀신들에게 튼튼한 돌다리를 만들라 시킬 수 있겠느냐?"

비형랑은 문제없다는 듯 대답했어.

"예, 돌다리쯤이야 하룻밤이면 다 놓을 수 있습니다."

진평왕은 비형랑의 말이 의심스러웠지만, 다음 날 아침 신원사 옆에 지어진 웅장한 돌다리를 보고 의심을 거두고 감탄했지.

"훌륭한 솜씨로구나. 이 다리는 귀신들이 지은 다리니 귀신 다리라고 불러야겠다. 그럼 귀신들 중에 정치를 할 만한 이를 데려올 수 있겠느냐?"

진평왕의 말에 비형랑은 곰곰 생각하다가 무릎을 쳤어.

"예, 제 부하 중에 길달이라는 귀신이 있습니다. 바로 데려와 임금님의 일을 돕도록 하겠습니다."

비형랑이 데려온 길달은 인간 세상에 내려와 진평왕을 돕는 충실한 신하 노릇을 했어. 진평왕은 길달이 마음에 쏙 들어 벼슬도 주었지. 그런데 귀신인 길달은 인간 행세를 하며 살아가는 것이 지겨웠고 자유롭던 귀신 시절을 그리워하다가 결국 여우로 둔갑해서 몰래 도망치고 말았어. 비형랑은 이런 길달의 무책임한 행동에 화가 났어. 온갖 귀신들을 불러 모아 말했지.

"길달이가 나를 배신하고 도망쳤다. 당장 잡아 오거라."

비형랑의 명령이 떨어지자 귀신들이 우르르 몰려가 길달을 잡아왔어. 비형랑은 끌려온 길달을 처형해 버렸지.

비형랑의 이런 단호한 모습에 귀신들의 두려움은 커졌어. 그 뒤로는 비형랑의 이름만 들어도 무서워 벌벌 떨었다고 해.

사람들은 귀신이 집에 들어오지 못하게 노래를 지어 대문에 붙였는데, 귀신들이 이것을 보고 줄행랑을 친다고 믿었기 때문이래.

> 성제(진지왕)의 혼이 아들을 낳았으니
> 비형 도령의 집이 바로 여길세.
> 날고뛰는 귀신들아, 여기는 얼씬도 하지 말거라.
> – 《삼국유사》 중에서

 재미있는 역사 지식

《삼국유사》와 《삼국사기》의 공통점과 차이점은 무엇일까?

귀신 이야기와 설화가 많이 담긴 《삼국유사》와 이름도 비슷한 《삼국사기》는 모두 삼국 시대를 다룬 책으로 고려 때 인물인 일연과 김부식이 펴냈어. 《삼국사기》는 현재 남아 있는 가장 오래된 역사책이고 《삼국유사》는 그 후 150여 년이 흐른 뒤에 나온 책이지. 《삼국사기》는 김부식이라는 학자가 나라의 왕권을 강화시킬 목적으로 유교 사상을 가진 학자답게 귀신이나 신기한 이야기를 쏙 빼고 썼고, 《삼국유사》는 스님인 일연이 몽골에 침입을 받아 고통을 겪는 백성들에게 자긍심을 가지게 하려고 썼기 때문에 고조선의 단군 신화가 등장해. 또한 《삼국유사》는 일연이 스님이기 때문에 불교 사상이 밑바탕이 된 책으로 설화나 노래, 전설 등이 기록되어 《삼국사기》보다 자유로운 형식과 내용을 가지고 있기도 하지.

김유신을 구하라!
귀신 덕에 이룩한 삼국 통일

말을 탄 화랑(신라 시대 청소년으로 이루어진 교육단체로 군인 양성의 성격이 강했다)들이 단석산 언덕으로 경주를 하고 있었어. 용모부터 무예까지 누구 하나 빠지지 않을 만큼 뛰어난 화랑의 무리였지만 그중에서도 가장 먼저 언덕에 오른 한 소년이 눈에 띄었어.

그 소년은 바로 김유신이야. 유신은 언덕에서 멀리 내다보이는 신라의 땅을 바라보며 말했어.

"신라가 하루빨리 삼국 통일을 이루어 더 넓은 땅을 차지하도록 우리 화랑이 훈련에 박차를 가해야 할 것이다."

18세의 나이에 화랑의 최고 우두머리인 국선이 된 김유신의 말에 화랑들이 환호성을 질렀어. 그러자 무리 중에 한 명인 백석이 나서서 말했지.

"삼국 통일을 빨리 이룩하려면 먼저 고구려를 치는 게 순서 아닙니까? 그

러면 고구려가 어떻게 돌아가는지 알아야 할 것입니다. 제가 고구려의 길을 잘 아니 저와 함께 고구려로 정탐을 나가시는 게 어떨까요?"

"오 그래, 너의 말이 옳구나. 오늘 밤 당장 고구려로 떠날 것이다."

김유신은 짐을 챙겨서 백석과 함께 고구려로 향했어.

밤에 몰래 정탐을 하러 가는 길이라 말을 탈 수도 없고 먼 길을 걸어야 하니 쉽게 목이 마르고 힘이 들었지만 김유신은 삼국 통일이라는 목표를 가슴에 새기고 지칠 줄을 몰랐지.

하지만 함께 길을 가던 백석은 유신의 빠른 걸음을 따르느라 목이 마르고 힘이 들었어.

"제가 저 아래 샘에서 물을 떠 올 테니 잠시 쉬었다 가시지요."

김유신이 뒤를 돌아보니 초주검이 된 백석이 보였어. 아무래도 잠시 쉬었다 가는 것이 좋을 듯싶었지.

"그러자, 잠시 쉬어갈 테니 물을 구해 오거라."

백석을 샘으로 내려보내자 깜깜하던 주위에 어디선가 반딧불이가 하나 둘 몰려들었어. 김유신의 주위는 어느새 별이 총총 박힌 하늘처럼 환해졌지.

김유신이 신기한 광경에 넋을 놓고 있을 때 세 명의 여인이 나타났어. 반딧불이가 내뿜는 빛 사이로 보이는 여인들의 모습은 아른아른 아지랑이 같기도 하고 바람에 팔랑대는 그림 같기도 한 것이 분명 사람의 모습이 아니었어.

"누구냐? 모습을 보니 너희는 사람이 아닌 귀신이로구나."

김유신은 허리춤에 찬 검을 뽑으며 말했어.

"저희는 내림, 혈례, 골화라고 합니다. 당신을 해치려고 하는 게 아니라 도우려고 왔습니다. 백석은 고구려의 첩자예요. 백석을 따라가면 목숨을 잃게 됩니다."

여인들은 말을 마치고 안개처럼 흩어져 사라졌어. 김유신의 주위를 맴돌던 반딧불이도 거짓말처럼 자취를 감췄지. 그러자 백석이 나타났어.

"물을 떠왔습니다. 한 모금 하세요."

"물은 되었고, 내가 깜빡하고 중요한 문서를 집에 두고 왔다. 고구려에 가려면 꼭 필요한 문서이니 다시 가서 가져와야겠다."

백석은 김유신의 부하로서 명령을 거역할 수 없었기 때문에 하는 수 없이 신라로 되돌아와야 했어. 백석을 데리고 신라로 돌아온 김유신은 백석이 진짜 첩자인지 알아보려고 죄인처럼 꿇어 앉혔지.

"용케도 날 속이려 했구나. 어릴 적부터 훈련을 같이 한 화랑으로 널 믿었는데, 백석 네가 정말 고구려의 첩자였단 말이냐?"

백석은 김유신의 불호령에 고개를 숙였어.

"실은 고구려의 왕이 국선을 두려워해서 없애라고 저를 보냈습니다."

김유신은 어젯밤 만난 귀신들의 말이 딱 들어맞자 깜짝 놀랐어. 귀신도 위험에 빠진 자신을 구해 삼국 통일을 돕고 있다니, 더욱 열심히 무예를 갈고 닦아야겠다고 다짐했지.

김유신은 훗날 신라가 삼국 통일을 이룩하는 데 절대적인 공을 세우는 인물이 되었어.

《삼국유사》에 실린 이 이야기의 귀신들이 바로 나라를 지킨 호국신이야. 원래 내림, 혈례, 골화라는 지역을 지키는 신들인데, 장차 나라의 큰 인물이 될 김유신이 위험에 처하자 나타나 구하게 된 것이지. 김유신 이야기 말고도 우리나라에는 호국신에 관한 이야기가 많아. 이것은 주로 어떤 역사적인 인물과 얽혀 있는데 그 인물이 호국신의 보호를 받을 만큼 위대하다는 것을 강조하려고 만들어졌다고 해.

재미있는 역사 지식

화랑은 남자만 될 수 있었을까?
드라마나 영화를 보면 무예와 학문에 뛰어난 미소년들로 그려지는 화랑, 화랑은 남자만 될 수 있었을까? 놀랍게도 화랑의 시작은 여자였어. 신라 진흥왕 때 남모와 준정이라는 아름다운 여자 둘을 뽑아 그들을 중심으로 인재를 모았는데 이것이 '원화 제도'였어. 그러나 우두머리가 된 두 원화가 서로 시기와 질투를 하면서 원화 제도가 폐지되고 대신 귀족 출신의 용모가 뛰어나고 품행이 바른 남자들을 뽑아 화랑 제도를 만들었다고 해. 화랑은 남자였지만, 화랑의 전신이 된 원화는 여자였어.

사또만 잡아먹는 아랑 귀신

"사또……. 사또……. 흑흑흑."

한밤의 고요를 찢으며 여인의 처량한 울음소리가 멀리서 들려왔어.

"드디어 올 것이 온 모양이군."

백발의 늙은 사또는 각오가 되었다는 표정으로 깊은 숨을 들이쉬었어.

"사또……. 사또……."

여인의 울음소리가 점점 가까이 다가오자 창호지를 바른 문이 흔들리고 달빛에 정체 모를 그림자가 어른댔어. 그러고는 벌컥 방문이 열렸어.

"으악!"

사또는 방문이 열리자마자 무엇을 보았는지 눈을 부릅뜬 채 심장을 부여잡고 쓰러지고 말았어.

그리고 아침이 밝았지.

"지난밤에 또 사또가 잡아 먹혔나 보군. 쯧쯧……."

"그럼 또 새 사또가 오는 거야?"

나졸들이 관아에서 나무로 짠 관을 들고 나오자 그 앞을 지나던 사람들이 수군대고 있었어.

"누가 죽을 자리에 오겠어? 사또가 아니라 임금을 시켜 준대도 나는 안 하겠네."

나졸들의 뒤를 따라 나오던 이방이 수군대는 사람들을 향해 못마땅하다는 듯 헛기침을 했어.

"이 밀양 땅에 사또로 올 사람이 있을까 걱정이구먼."

그도 그럴 것이 밀양에 사또로 부임한 사람은 채 하룻밤을 넘기지 못하고 죽어 나갔어.

사람들은 그게 귀신의 짓이라고 했지. 못된 처녀 귀신이 새로 부임한 사또를 잡아먹는다고 말이야. 그 소문이 전국에 퍼지자 밀양 사또로 오려는 사람이 없었어. 지난밤에도 몇 달 만에 겨우 빈자리를 채워 준 늙은 사또가 봉변을 당했던 거야. 이방은 관아에서 멀어져 가는 사또의 관을 보며 한숨을 쉬었어. 그 뒤 또 며칠이 지나고 관아에 한 남자가 찾아왔어.

"오늘부터 내가 밀양 사또로 부임하였소. 모두 잘 부탁하네."

이방과 나졸들은 새 사또의 행색을 살폈어. 깡마른 외모가 바람이라도 불면 휙 날아갈 것 같은 여윈 몸집의 사또였지. 게다가 환갑을 훌쩍 넘겼을 것 같은 늙어 보이는 외모였어.

"내가 얼굴이 좀 성숙해 보여도 아직 스물일곱 살밖에 되지 않았소. 붓을 팔러 다니느라 고생을 좀 했더니 겉늙고 말았구려. 허허!"

"어서 오십시오. 부디 오랫동안 밀양을 다스려 주시길 바랍니다."

하루는 고사하고 반나절도 못 버틸 것 같은 새 사또에게 이방과 나졸들은 환영의 절을 했어.

밀양 사또로 부임하면 다들 죽어 나간다는 소문이 돌자 아무도 오려는 사람이 없자 붓 장수에게까지 차례가 돌아갔던 거야. 새 사또는 이전 사또들의 일까지 처리하느라 밤이 늦어서야 잠자리에 들었어. 귀신이 나온다는 이야기를 이미 들어서 알고 있기에 밤이 되자 조바심이 났어. 등골이 오싹하고 긴장이 되어서 이불을 덮어쓰고 누웠지.

휘릭!

갑자기 문밖에서 날카로운 바람 소리가 방문을 때렸어. 그러고는 낮게 흐느끼는 여인의 목소리가 멀리서부터 점차 가까이 미끄러지듯 들려오는 거야.

"흑흑흑, 사또……. 흑흑흑, 사또……."

방문이 폭풍에 휩싸인 듯 마구 흔들리고 여자의 울음소리도 고막을 찢을 듯 점차 커졌어. 사또는 겁이 났지만, 용기를 내려고 이를 꽉 문 채 이불을 젖히고 일어나 앉았어.

"게 누구냐? 할 말이 있거든 모습을 보여라."

사또가 호령하자 요동치던 방문이 순간 고요해졌어. 그리고 미닫이 방문이 스르르 열리면서 핏자국이 얼룩덜룩한 옷을 입은 발 없는 여자 귀신이 방 안으로 들어왔어.

귀신의 모습을 본 사또는 숨이 턱 막혔지. 귀신의 얼굴은 빛이 나는 듯 시퍼렇고 입과 눈에서 붉은 피가 뚝뚝 떨어졌으며, 몸은 마치 공중에 매달

려 있는 것처럼 둥둥 떠서 움직이는 것이 여간 괴기스러운 게 아니었거든. 사또는 공포에 질려 후들거리는 몸을 겨우 버티면서 정신을 가다듬었어.

"네가 사또를 잡아먹는 귀신이냐? 오늘은 나를 잡아먹으러 왔구나. 그럼 먹히기 전에 왜 이러는지 그 이유라도 들어 보자."

공중에 떠서 사또를 내려다보던 시퍼런 얼굴의 귀신은 사또의 말에 바닥으로 사뿐히 내려앉았어. 그러고는 웬일인지 예의를 갖추어 절을 올리지 뭐야.

"소녀, 귀신은 맞지만, 사또를 잡아먹지는 않습니다. 결코 누구도 직접 해친 적은 없지요."

"그럼 그전 사또들은 왜 하나같이 죽어 나갔단 말이오?"

귀신은 소매로 얼굴에 흘린 피를 닦으며 말했어.

"저는 아무것도 하지 않았는데, 제 모습을 보고 죽어 버리더군요. 그 사또들에게 제 이름도 말하지 못했습니다."

사또는 날뛰는 심장을 부여잡으며 물었어.

"그래, 이름이 무엇이오? 왜 원귀가 되어 나타나 사람들을 놀라게 하는 것이오?"

"제 이름은 아랑이라고 합니다. 제 아버지는 오래전 밀양의 사또였지요. 아버지와 저, 둘이 전부였지만 행복했습니다."

귀신은 어울리지 않게 입가에 온화한 미소를 머금고 이야기를 하다가 사또를 서늘하게 바라보았어. 사또는 괜히 움찔했지.

"어느 날 저를 키워 준 유모가 달구경을 나가자고 해서 따라갔다가 어떤 하인에게 죽임을 당하고 말았습니다. 게다가 그놈이 유모와 짜고 죽은 저를 대나무 숲에 버리고 제가 도망갔다고 소문을 냈습니다. 그 바람에 저희 아버지는 병을 얻어 앓다가 돌아가셨지요."

귀신은 어깨를 들썩이며 울었어. 사또의 눈에도 어느새 닭똥 같은 눈물이 뚝뚝 흘러내리고 있었지.

"그래, 그놈의 이름은 무엇이고 지금 어찌 살고 있소?"

"주기라고 부르던 놈인데, 지금은 이름과 신분을 바꾸고 아주 잘 살고 있더군요."

사또는 화가 나서 다짐했어.

"내가 기필코 놈을 잡아 억울함을 꼭 풀어 주겠소."

'조바심'이라는 말은 어떻게 생겼을까?

조바심은 농사일에서 유래한 말인데, 조는 곡식의 종류인 조를 말하고 '바심'이란 '타작하다'라는 뜻이야. 조바심은 조를 타작한다는 뜻인데 조는 질겨서 콩이나 다른 곡식처럼 두드리는 것만으로 낱알이 잘 떨어지지 않는다고 해. 문지르고 비비고 온갖 요령과 애를 써야 겨우 낱알이 떨어지는데, 조를 타작하듯이 어떤 일을 그르칠까 봐 초조하고 불안해서 애를 태울 때 조바심이 난다고 했어.

아리 아리랑 아라리가 났네

 사또는 관아 마당에 이방과 하인들, 나졸들은 물론이고 관아에 속해 있는 모든 사람을 불러 모았어. 사람들은 어젯밤 귀신에게 잡아먹힌 줄 알았던 사또가 멀쩡하게 살아 있는 모습을 보고 오히려 더 놀랐지.
 "너희 중에 억울한 처녀를 죽인 악한 자가 있다. 내가 오늘 그자를 잡아서 큰 벌을 내리려고 한다."
 사또는 모든 하인을 한 줄로 쭉 세우고 그 앞에 섰어. 그러자 어디선가 흰나비 한 마리가 나타나 팔랑팔랑 사또의 주위를 맴돌았어.
 "왔구려. 그래 그놈이 어느 놈인지 내게 알려 주시오."
 나비는 남자들의 머리 위를 날아다니다가 한 남자의 어깨에 내려앉았어. 그 사람은 놀랍게도 이방이었어.
 "너로구나. 이방 네놈이 아랑을 죽인 주기로구나."

이방은 사또 앞에 무릎을 꿇고 지난 일을 솔직하게 고했어. 사또는 이방에게 지은 죄에 해당하는 벌을 내렸지. 이 모습을 지켜보듯 흰나비는 한참 동안 사또 곁을 떠나지 않다가 이방이 끌려 나간 다음에야 어디론가 날아가 버렸대. 나비가 된 아랑이 죄인을 알려 준 거야. 그 뒤로 아랑 귀신은 사람들 앞에 나타나지 않았고 그 전설이 밀양 아리랑의 배경이 되었다고 해. 아랑의 슬픈 전설을 "아랑아랑" 하고 노래 부르다가 아리랑이 되었다고 말이지.

지금도 밀양에서는 아랑의 시체를 버렸다던 대숲에 비석을 세우고 그 옆에 사당을 지어 음력 4월 16일이면 '밀양 아랑제'를 여는데, '밀양 아리랑 대축제'라고 이름을 바꾸어 많은 사람이 찾는 큰 축제가 되었다고 해.

억울한 한을 품었던 아랑 이야기는 조금씩 변형되어 전해지지만, 용감한 신임 사또가 나타나 한을 풀고 하늘로 올라갔다는 내용은 같아.

여기서 우리는 아랑이 원한을 품고 죽은 귀신인 원귀가 된 이유를 생각해 볼 필요가 있어. 왜 아랑이 억울하게 죽어야 했고 그 억울함을 귀신이 되어서야 풀 수 있었을까?

조선 시대는 유교에 뿌리를 두어서 지금 우리가 상상하는 것 이상으로 남녀차별이 분분하던 시대였어. 아니, 남자와 여자의 차별을 두어야 옳다고 여기는 시대여서 여자로 살아가기에 어려움이 많았을 때였지. 여자들은 다른 남자들 앞에서 얼굴을 보여서도 안 됐기 때문에 장옷이나 쓰개치마를 두르고 다녔고 부모의 재산을 물려받을 수도 없었고 벼슬에 오를 수도 없어서 공부도 마음대로 할 수 없었어. 사회 분위기가 이러니 여자는 차별을 당하거나 누명을 써도 그 억울함을 풀거나 하소연할 수도 없었어. 거짓 소문이 돌면 그 소문 때문에 스스로 목숨을 끊는 억울한 일도 많았거든. 그래서 죽어서 귀신이 되어서라도 억울함과 차별을 외치고 되갚길 바랐을 거야. 아랑과 같은 처녀 귀신은 잘못된 유교 문화로 희생당한 조선 여자들의 마음을 위로해 주려고 나타난 귀신은 아니었을까? 귀신을 만나면 마냥 두려워 떨게 아니라 어떤 사연이 있는지 귀를 기울여야 하지 않을까 싶어. 음……. 상상해 보니 좀 무섭기는 하네.

밀양 아리랑

날 좀 보소. 날 좀 보소. 날 좀 보소. 동지섣달 꽃 본 듯이 날 좀 보소.
아리 아리랑 쓰리 쓰리랑 아라리가 났네. 아리랑 고개로 날 넘겨주소.
정든 님이 오시는데 인사를 못해. 행주치마 입에 물고 입만 방긋.
아리 아리랑 쓰리 쓰리랑 아라리가 났네. 아리랑 고개로 날 넘겨주소.

(정선 아리랑, 진도 아리랑과 함께 한국의 3대 아리랑)

재미있는 역사 지식

사또는 어떤 일을 했을까?

사또는 조선 시대 군과 현에 파견했던 지방 관리를 말하며 원님이라고도 했어. 임무는 주로 세금을 걷거나 나라에 필요한 노동력을 제공하는 일을 했으며 맡은 고을의 농사와 백성들을 관리하면서 어떤 사건이 일어나면 재판을 하기도 했대. 임기는 5년으로 현재의 시장이나 군수 같은 역할과 같다고 볼 수 있는데, 군수나 시장은 국민의 선거로 선출되지만 사또는 임금이 임명했어.

용이 된 이무기

 옛날 전라도 어느 마을에 장사꾼이라면 꼭 넘어가야 할 언덕이 있었어. 언덕은 큰 장터로 갈 수 있는 유일한 길이었어. 어느 날 언덕을 넘던 장사꾼들이 모두 혼비백산하고 언덕 아래로 뛰어 내려왔어.
 "큰일이오. 언덕에 해괴한 구렁이가 길을 꽉 막고 있소이다."
 "이를 어쩌면 좋아. 오늘 장에 가긴 다 틀렸네."
 두려움에 가득 찬 장사꾼들의 얼굴 사이로 비범한 표정을 한 남자가 나섰어.
 "그깟 구렁이, 내가 잡아 드리지요."
 남자는 씩씩한 발걸음으로 언덕 위로 올라갔지. 뒤에 남은 장사꾼들이 남자를 걱정하면서 말렸지만 남자는 화통하게 웃으면서 떠났어.
 남자가 언덕에 오르자 정말 커다란 구렁이가 언덕길을 꽉 막고 있는 거야. 게다가 이 구렁이는 몸은 뱀의 모습이고 머리는 사람의 모습을 한 이무기였어.

이무기를 보자 남자는 그 앞에 넙죽 엎드려 절을 했어.

"귀하신 용님을 이런 초라한 언덕길에서 뵙게 되다니 제가 복이 많은 놈인가 봅니다."

이무기는 자신을 용이라 불러 주자 은근히 기분이 좋아져서 말했어.

"내가 용이 되려고 품고 있던 여의주를 잃어버렸다. 아무래도 아랫마을의 노파가 주워간 것 같은데, 내가 찾으러 가려다가 이 언덕에 몸이 꽉 끼고 말았지 뭐냐."

남자는 이무기의 말을 듣다가 결심한 듯 말했어.

"용님, 제게 그 노파가 사는 곳을 알려 주십시오. 어떤 방법을 써서라도 그 여의주를 찾아 드리겠습니다."

"정말이냐?"

용은 기쁜 마음에 몸을 비틀었어. 그러자 언덕이 무너져 내릴 듯 땅이 흔들렸어.

"용님, 제가 찾아 드릴 테니, 제발 이 언덕에서 내려가 주십시오."

이무기는 흔쾌히 언덕에서 물러갈 것을 약속하며 여의주를 가져간 노파의 집을 알려 주었어. 남자는 이무기와의 약속대로 노파의 집을 찾아가 노파를 친어머니처럼 극진하게 보살폈어. 자식이 없던 노파가 남자를 아들처럼 아끼게 되자 남자가 말했어.

"어머니, 사실 소원이 하나 있습니다. 제가 이무기의 잃어버린 여의주를 찾아 주기로 했는데, 그 약속을 지키지 못하면 이무기에게 잡혀 먹게 됩니다. 어머니께서 가지고 계신 여의주를 제게 주실 수 있을까요?"

노파는 남자의 손을 잡으며 말했어.

"내 아들처럼 나를 보살펴 준 너에게 무엇이 아깝겠느냐. 당장 가져다주마."

노파에게 여의주를 받은 남자는 이무기를 만나 여의주를 건넸어.

"네가 약속을 지킬 줄은 꿈에도 몰랐는데, 기특하구나. 내가 돈을 줄 것이다. 그 돈으로 윗마을 땅을 될 수 있는 대로 다 사들이도록 해라."

"윗마을은 척박해서 밭농사도 잘 안 되는 곳인데요?"

남자가 의아해서 물었지만, 이무기는 대답도 없이 사라졌어. 남자는 이무기의 말대로 땅을 다 사들였지. 그리고 얼마 뒤 소나기가 내리고 벼락이 치는 날, 이무기는 용이 되어 하늘로 올라갔어. 용이 된 이무기가 꼬리로 산을 툭 치니 산이 잘리면서 비가 쏟아져 내려 커다란 물길이 생겼지. 그 물길은 남자가 산 척박한 땅에 흘러 하천을 만들었고 주위가 모두 논으로 변해 남자는 많은 논을 가진 부자가 되었대. 이 이야기는 전라도 남원시에 전해지는 이야기로 책에 기록되어 남겨진 이야기가 아니라 할머니의 할머니, 또 그 할머니의 입에서 입으로 전해져 내려온 '구비전승口碑傳承 설화'라고 해.

 재미있는 역사 지식

우리나라 전설에 자주 등장하는 용은 어떤 존재일까?

우리의 옛날이야기나 동화를 보면 용의 이야기가 많이 나와. 용은 상상의 동물로 거대한 뱀의 형상을 하고 있지만 온몸에 비늘이 달려 있고 네 개의 발에 날카로운 발톱을 가지고 있으며, 신성한 힘을 지니고 있다고 믿었어. 하늘과 구름을 다스리는 능력이 있는 용은 국가의 수호신이자 왕실의 조상신이기도 했고, 농사를 짓는 백성들에게 반가운 비를 내리는 하늘의 신이고 고기를 잡는 백성들에게는 바다의 신이기도 했지. 신의

위엄과 풍요를 상징하는 용은 우리에게 오랫동안 대접받던 동물이었어. '역린(逆鱗)'이라는 말이 있는데 용의 목 밑에 거꾸로 나 있는 비늘을 말한대. 이 비늘을 잘못 건드리면 화가 난 용이 사람을 죽인다고 하여 임금의 약점이나 노여움을 역린이라 표현하기도 했어.

콧구멍이 간지러워, 에취!
백골의 보답

때는 고려 시대, 한 선비가 과거 시험을 보려고 산길을 걸어가고 있었어. 산꼭대기에 걸려 있던 해가 슬금슬금 자취를 감추려고 하자 선비는 걸음을 재촉해야 했지.

"이 깊은 숲속에서 밤을 맞으면 낭패니 서둘러야겠다."

선비가 혼잣말하자 어디선가 "에취!" 하는 재채기 소리가 들렸어.

선비는 깜짝 놀랐지. 사람이 있을 리 없는 깊은 숲속인데다가 이런 숲속에 산적들이 숨어 있다가 지나가는 행인을 해한다는 소문이 떠올랐기 때문이야. 선비는 아무리 급해도 뛰면 안 된다고 배웠지만 배움이 목숨보다 소중하지는 않았어. 선비는 뛰듯이 발걸음을 재촉했어.

그때였어.

"에취! 젊은이, 미안하지만 나 좀 도와주게. 에취! 코가 간지러워 견딜 수가 없네. 에췩!"

"누구시오? 내 눈에는 아무도 보이지 않는데 어디 계시오?"

선비는 걸음을 멈추고 재채기 소리가 나는 곳을 두리번댔어.

"에췩! 여기요 여기, 소나무 아래 칡덩굴 사이에 있소. 에췩!"

선비가 재채기 소리를 따라 소나무 아래를 보니 칡덩굴이 무성하게 우거져 있었어.

"어찌 이런 곳에 사람이 있단 말인가?"

귀신의 장난인가 싶었지만, 선비는 덩굴 아래를 살펴보기로 했어. 소매를 걷고 질긴 칡덩굴을 파헤쳤어. 땅에 뿌리가 단단히 박힌 칡덩굴을 맨손으로 치우기가 쉽지는 않았지만, 연거푸 들려오는 재채기 소리 때문에 손을 멈출 수가 없었어. 한참 칡덩굴을 파던 선비는 놀라서 그만 땅바닥에 주저앉고 말았지.

"이게 뭐야!"

선비가 파헤친 곳에는 사람의 해골이 있었어. 해골은 얼마나 오랜 시간 그곳에 방치되어 있었던지 흙덩어리와 칡뿌리가 마구 엉킨 상태였어. 선비는 놀란 가슴을 진정시키며 해골을 살펴보았어.

"이래서 자꾸 재채기하셨군요."

해골의 콧구멍 사이로 칡의 잔뿌리들이 엉켜 있었던 거야. 선비는 해골에 엉킨 칡뿌리와 흙을 털어 주고 햇빛이 잘 드는 곳에 묻어 주었어.

"왜 이런 험한 모습으로 계시게 되었는지 몰라도 이제 편히 쉬십시오."

선비는 비상식량으로 가지고 가던 음식을 올리고 글을 써서 간단한 제사를 지낸 뒤에 길을 떠났어. 그날 밤 선비는 희한한 꿈을 꾸었어.

백발의 노인이 나타나 공손하게 고개를 숙이면서 이렇게 말하는 거야.

"나는 전생에 욕심이 과해서 나쁜 짓을 일삼다가 그만 산속에서 죽임을 당하고 말았소. 누구 하나 날 찾으러 와 주지 않아 살은 흙이 되고 해골만 남게 되었지요. 칡뿌리가 해골을 휘감아서 괴로웠는데, 천만다행으로 선비를 만나게 되었습니다. 해골을 거두어 준 것도 고마운데 제사까지 지내 주다니, 이 은혜를 어찌 갚아야 할지……. 그래서 내가 아는 것 하나를 일러 드릴까 합니다."

백발노인은 허공에 큰 붓으로 '하운다기봉夏雲多奇峯'이라는 다섯 글자를 써 보이고 시 한 수를 읊고 감쪽같이 사라졌어. 잠에서 깬 선비는 희한한 꿈을 곱씹어 보았어.

"하운다기봉, 여름 구름은 기이한 봉우리가 많다니, 그 시가 왜 이렇게 생생하게 떠오르는 걸까?"

선비는 꿈에 노인이 읊어 주던 시가 자꾸 떠올라 시를 외우면서 시험장으로 갔어. 그런데 시험 문제로 꿈에 노인이 썼던 것처럼 '하운다기봉' 다섯 글자가 쓰여 있는 게 아니겠어? 선비는 외우고 있던 노인의 시를 답으로 적었고 장원 급제를 해서 벼슬길에 올랐다고 해.

이것은 조선 시대 임방이 쓴 《천예록天倪錄》이라는 책에 나오는 이야기인데 임방은 당시 떠돌던 신기한 전설이나 기이한 이야기를 엮어 책으로 만들었어.

이 이야기는 나그네에게 은혜를 입은 해골이 보답으로 과거 시험 문제를 알려 준다는 이야기야.

과거 제도는 인재를 뽑는 시험 제도였는데, 옛날 선비들은 과거 시험을 보려고 살았다고 해도 무방할 정도로 과거를 통해 벼슬을 얻고 집안을 일으켜 세우려고 노력했어.

다섯 살쯤 한자를 떼면서부터 과거 시험을 목표로 약 20년의 세월을 공부하는데, 예비고사인 소과를 2차 통과해야 본고사인 대과를 볼 수 있었지. 이렇게 오랜 시간을 공들여 보던 과거 시험은 시간이 지날수록 부정이 심해졌대.

전문적으로 과거 시험을 돕는 부정 행위 집단이 생겨나기도 했는데, 시

험 보기 좋은 자리를 맡는 힘 좋고 발 빠른 선접꾼, 글씨를 기가 막히게 잘 쓰는 사수, 대신 시험 문제를 풀어 주는 거벽, 시험에 필요한 돗자리나 우산 등을 챙기는 수종까지 다 붙어야 완벽한 한 팀이 되어 부정행위를 완성했대.

　김홍도의 그림인 〈공원춘효도貢院春曉圖〉란 작품을 보면 알 수 있는데, 시험장 안에 여러 사람이 모여 파라솔 같은 우산을 펴고 마치 회의하듯이 시험을 치르는 모습을 볼 수 있어. 그리고 하도 많은 사람이 응시하다 보니 채점자들도 그 많은 시험지를 일일이 살펴보기가 어려워서 먼저 낸 순서대로 채점했대. 그래서 선접꾼들끼리 시험지를 먼저 내려고 몸싸움을 하다가 깔려 죽는 일도 생겼다니 난리도 그런 난리가 없었겠어.

　그땐 이런 부정행위꾼들을 살 수 있는 부자들만이 과거 시험에 통과했을 거야. 그만큼 돈 없고 가난한 인재들은 과거에 급제해서 큰일을 하기도 어려웠을 테니 참 안타까운 일이야.

난장판이라는 말은 어떻게 생겼을까?

난장(亂場)판이란 여러 사람이 뒤엉켜 떠들거나 뒤죽박죽된 곳 또는 상태를 말하는데 지금도 흔하게 쓰는 말이지. 이 말이 알고 보면 과거 시험에서 비롯된 말이라고 해. 과거 시험에서 전문 부정 행위꾼들이 생겨나고 시험장 분위기가 엉망이 되었지. 시험장에 수험생뿐 아니라 잡상인들도 마음대로 드나들게 되었대. 엿을 팔거나 심지어는 술장수까지 들어와서 술을 팔기도 했다니, 얼마나 엉망이었을지 상상 그 이상이었겠지. 이런 과거 시험장의 정신없고 혼란스러운 분위기에서 난장판이라는 말이 유래되었다고 해.

공원춘효도

조선의 풍속화가 단원 김홍도(1745~1806)의 그림으로 과거 시험장의 풍경을 그렸다.
돈과 인맥으로 시험을 치르는 현실을 풍자한 그림이다.
이 그림은 한국 전쟁 당시 미군이 미국으로 가져간 뒤 60년간 존재가 알려지지 않았었다가
68년 만인 2020년에 김홍도가 태어난 안산으로 돌아왔다.

출처 안산시　**명칭** 공원춘효도

풍속화(과거 시험장)

과거(科擧) 시험장의 풍경을 그린 그림. 수묵 채색화.
한국화가 혜촌(惠村) 김학수 작품. 이야기를 나누거나 무언가를 쓰는 사람,
그것을 지켜보는 사람 등 과거 시험장의 다양한 모습들을 그려 놓았다.

출처 국립 민속 박물관
명칭 풍속화(과거 시험장)　**소장품 번호** 민속 29587

 재미있는 역사 지식

평민도 과거 시험을 볼 수 있었나?

전국의 인재를 선별해 관리를 뽑는 과거 시험은 고려 시대부터 시작되었는데, 그때는 교통수단이 없었기 때문에 대부분 걸어서 시험장으로 가야 했어. 선비들이 먼 길을 걸어가는 동안 귀신을 만나기도 하고 낯선 집에서 머물기도 하면서 여러 가지 이야기들이 생겨났어. 그러나 과거 시험은 양반이나 신분이 높은 사람들만의 시험일 뿐 평민들은 기회가 없었지. 농사일해서 세금을 내고 먹고사는 것만으로도 허덕이던 가난한 평민들에게는 기회가 주어진다고 해도 글공부 할 시간도 시험을 볼 돈도 없어서 사실 불가능한 일이었어.

제5장

전통문화와 함께 해 온 귀신들

소심한 귀신의 제삿밥

　옛날에 진기경이라는 사내가 말을 타고 겨울 숲을 지나가다가 말에 물을 먹이려고 시냇가에서 쉬고 있었어.
　"날이 추우니 우리 조금만 쉬었다가 가자꾸나."
　진기경은 말 등을 쓰다듬으며 말했어.
　그러자 말이 대답이라도 하듯 재채기 소리를 내는 거야.
　"에취!"
　진기경은 주위를 두리번거리고는 말했어.
　"무슨 소리지? 말이 재채기했을 리는 없고."
　진기경의 말이 끝나기 무섭게 또 재채기 소리가 들렸어.
　"에취!"
　진기경은 인적이 없는 숲속에서 들리는 재채기 소리에 덜컥 겁이 나서 소리쳤어.

"누구냐? 숨어서 해괴한 짓 말고 어서 나오지 못할까?"

진기경의 호통에 커다란 고목 뒤에서 한 노인이 모습을 드러냈어. 노인은 한여름에나 입는 베옷(무명실, 명주실 등으로 짠 옷감으로 만든 옷)을 입고 오들오들 떨고 있었지.

"아니, 어르신 어쩌다 이런 차림으로 계십니까?"

진기경이 노인에게 다가가려 하자 노인은 넙죽 절을 하고는 시퍼런 입술을 바들바들 떨며 말했지.

"사실 저는 죽은 지 오래된 원귀입니다. 원통하게 죽어 이렇게 숲속을 떠돌고 있죠. 제 이야기를 좀 들어주시겠습니까?"

진기경은 귀신이라는 말에 놀라 심장 박동이 빨라졌지만 떨고 있는 귀신의 초라한 모습이 측은해서 이야기를 들어 보기로 했어.

"어디 말씀해 보세요."

"저에게는 아들이 하나 있었습니다. 그 아들에게 제 하인을 보내려고 했지요. 그 하인이 힘이 장사라 아들에게 꽤 도움이 될 것 같았거든요. 하지만 아들이 평소 아랫사람에게 엄한 성격인지라 하인 놈이 아들을 싫어한 모양입니다. 제가 아들에게 자신을 보낸다는 말을 들은 몇 해 전 여름날, 저를 죽여 이곳에 버렸습니다. 제가 사라진 후 아들은 매년 정성스럽게 제사를 지내는데 그 하인 놈이 제사상을 차리는 바람에 무서워서 제삿밥도 못 얻어먹고 병풍 뒤에 숨어만 있습니다."

"소심하기 짝이 없소이다. 원귀가 되어서도 하인을 두려워하다니요. 내 그 괘씸한 놈을 찾아내서 반드시 혼내 주겠소."

진기경이 화가 나서 호통치자 그 소리에 말이 놀라 발을 굴렀어. 그런데 이상하게도 진기경은 냇가가 아닌 말 등 위에서 고삐를 잡고 있는 거야. 지금까지 말 등에서 꿈을 꾼 거였어. 하지만 꿈이 예사롭지 않다고 여긴 진기경은 귀신이 말한 그의 아들 집을 찾아갔어.

그런데 아들은 진기경이 올 줄 알았다는 듯이 뛰어나와 반기는 거야.

"어서 오십시오. 꿈에 돌아가신 아버님께서 귀한 손님이 오시니 잘 대접하라 하셨습니다."

아들은 진기경을 따뜻한 안방에 모시고 푸짐한 밥상을 마련해 대접했어.

"혹시 아버님께서 여름에 베옷을 입고 나가셨다가 일을 당하셨습니까?"

"예, 맞습니다. 한여름에 일을 보러 가셨다가 돌아오시지 못하셨으니 베옷 차림이죠. 아버님 시신이라도 찾아야 제대로 장례를 치러드릴 텐데, 세상에 저 같은 불효자가 또 어디 있겠습니까."

아들이 눈물을 뚝뚝 흘렸어. 다 큰 사내가 서럽게 울자 진기경의 마음도 먹먹해졌지. 이때 남자 하인 하나가 식혜를 들고 방으로 들어왔어.

"대감마님, 식혜 준비되었습니다."

"그래, 때마침 잘 가져왔다. 저희 아버님께서 좋아하시던 식혜입니다. 손님께서도 맛을 보시지요."

하인은 진기경의 앞에 식혜 그릇을 놓았어. 진기경은 하인의 손이 미세하게 떨린다는 것을 알아챘지. 그때 병풍 뒤에서 꿈에서 본 노인의 목소리가 들렸어.

"저놈이오. 저놈이 나를 죽인 놈이오."

진기경은 벌떡 일어나 호통을 쳤어.

"너로구나. 이 배은망덕한 놈!"

진기경의 목소리가 천둥처럼 울리자 겁을 먹은 하인이 무릎을 꿇었어.

"이놈이 당신의 아버님을 해치고 숲에 버렸습니다. 이놈의 입을 열면 아버님의 시신을 찾을 수 있을 것입니다."

진기경의 말대로 아들은 하인을 벌주고 아버지의 시신을 찾아 장례를 치렀어. 진기경의 꿈에 나타났던 귀신도 그 뒤로 아들이 차려 준 제사상을 마음 편히 받을 수 있게 되었대.

이 이야기는 《어우야담於于野譚》이라는 조선 시대에 유몽인이 지은 한국 최초의 야담집에 실린 이야기야.

여기서 하인이 무서워 자신의 제사에는 못 가고 남의 제사상을 찾아다니며 밥을 얻어먹는 소심한 귀신, 소심 귀신이 탄생했지. 소심 귀신은 여름에 죽어서 얇은 베옷을 입고 다니는 노인의 모습인데, 그래서인지 늘 감기에 걸려서 잔기침과 재채기를 달고 다닌대.

소심 귀신의 특징은 남의 제삿밥을 얻어먹으러 다니면서 많은 귀신과 친하게 지낸다는 것인데 눈물도 많고 신세타령도 자주 해서 한소리를 또 하고 또 하는 버릇도 가지고 있다니 별난 귀신이야. 소심 귀신이 남의 제삿밥을 얻어먹을 수 있었던 것은 우리의 넉넉한 풍습 때문인데 우리 조상들은 돌아가신 조상의 제사를 지낼 때 같이 온 다른 귀신들을 위해서도 따로 상을 차리거나 밥을 대접했어. 이것을 객귀밥, 객귀상, 또는 저승사자가 먹는 밥이라고 해서 사자상이라고도 불렀어. 제사를 지낼 때는 키나 바가지에 밥을 담아 놓거나 간단하게 상을 차려서 마루나 대문 밖에 내놓았어. 상을 치를 때는 사자상을 차렸는데, 사람이 죽으면 저승으로 길을 안내하는 저승사자가 찾아왔다고 믿었대. 그 저승사자가 세 명이라고 생각해서 세 그릇을 차렸으며, 동전 세 닢과 신발 세 켤레도 함께 놓아두었대. 죽은 조상님들을 안전하게 저승으로 데려가 달라는 당부와 부탁의 의미였다고 해.

소심 귀신처럼 어떤 이유로 제삿밥을 제대로 얻어먹지 못하는 귀신들을 위해서도 상을 차려 내주었다니, 이런 조상들의 넉넉한 마음이 소심 귀신의 헛헛한 마음을 조금은 채워 주지 않았을까 싶어.

어우야담

유몽인(柳夢寅 : 1559~1623)이 지은 수필 성격의 설화집으로
잡다한 주제를 다루고 있음. 표지는 청색으로 어우집 상·하로 구성되어 있다.

출처 국립 진주 박물관
명칭 어유야담(어우집於于集)   **소장품 번호** 진주 6417

객귀들이 군침을 흘리던
각 지역의 제삿밥

전국의 제사상을 다 따라다니면서 제삿밥을 얻어먹었을 소심 귀신의 뒤를 따라가서 소심 귀신이 어떤 음식을 얻어먹고 다녔을까 구경 좀 해 볼까?

소심 귀신은 따지고 보면 길에서 죽어서 제삿밥을 제대로 얻어먹지 못하는 귀신인 객귀인 셈이야. 객귀는 집 밖에서 죽은 귀신을 말하는데, 아무래도 편하게 죽지 못한 귀신들이라고 할 수 있지. 사고를 당하거나 남에게 살해를 당하기도 하고 물에 빠지는 등의 불행한 죽임을 당한 경우가 많았어. 그래서 원한을 품고 객(客, 손님)처럼 떠돌아다닌다고 해서 객귀라고 불렀대. 객귀들은 여기저기 떠돌아다니다가 음식이 많은 잔치나 제사에 찾아가 아무 사람에게나 붙어 병이 들게 하는데 이런 객귀의 침입을 막으려고 좁쌀로 지은 조밥과 나물 반찬을 바가지에 담아 내놓기도 했어. 집 안에 들어오지 말고 먹고 멀리 가라는 뜻이었지. 이것을 '객귀 물림'이라고 했대. 소심 귀신 같은 객귀들은 여기저기 떠돌면서 남의 제사상도 여러 군데 가 보지 않았을까? 요즘 미식가들이 이름난 맛집을 순회하듯이 경상도 누구네 제삿밥이 맛있더라, 전라도 아무개네 제사상에는 홍어찜이 별미라며 이곳저곳 기웃댔을 생각을 하면 무섭기보다 재미있다는 생각이 들어.

지금은 제사를 지내지 않는 집이 많지만 우리나라는 오래전부터 명절이나 조상의 돌아가신 날을 기리면서 정성스럽게 상을 차려서 제사를 올리는 풍습이 있었어.

제사상을 차리고 지내는 예법도 지방마다 조금씩 달랐는데, 특히 제사상에 올리는 음식인 '제수'에서 많은 차이가 있었어. 전라도에는 홍어찜을 올리고, 경상도 지방에서는 문어나 돔배기라는 상어 고기를 올렸고, 강원도에는 나물과 감자를 이용한 음식을 많이 올렸으며, 제주에서는 옥돔 구이와 무를 익혀서 메밀을 부쳐 둘둘 만 빙떡을 올렸어. 이것은 각 지역의 대표적인 특산물이나 전통 음식으로 조상님이 살아 계실 때 좋아하던 음식이었기에 돌아가신 뒤에도 잘 대접하고 싶은 후손들의 마음이 담긴 귀한 상차림이 되었지.

후손들은 푸짐하고 정성스러운 제수를 마련하고 제사를 지내면서 돌아가신 조상들이 찾아와 제사상을 받는다고 믿었어. 제사를 지내는 순서만 보아도 알 수 있지.

제사를 책임지는 사람이 향을 피워 조상을 모시고 절을 두 번 올리면서 제사의 시작을 알리면 가족이 차례대로 술을 올리고 절을 한 뒤 수저를 음식에다 꽂아 두고 문을 닫고 나와.

그리고 잠시 기다리다가 다시 제사를 올리는 방으로 들어가 제사를 마무

리했지. 이것은 오신 조상님께서 편안하게 제수를 드실 수 있도록 자리를 비켜 시간을 드리는 행동이야.

제사를 지낸 뒤에는 조상님이 드시고 가신 제수를 남은 후손들이 나누어 먹으며 조상님이 내려 주는 복을 나누어 받는다고 생각했어. 그래서 이것을 복을 마신다는 뜻의 음복飮福이라고 했어.

우리 조상들은 흉년이 오거나, 가난해서 먹을 것이 없어도 제사만큼은 정성스럽게 모셨고, 특히 귀한 흰쌀밥은 명절이나 조상 제사 때나 먹을 수 있었대. 조상을 위해 평소 먹지 못하는 귀한 쌀밥을 짓던 정성이 참으로 갸륵했다고 여겨져. 게다가 조상신과 같이 따라올지도 모르는 객귀들에게도 밥을 대접했으니 말이야.

집마다 지내던 제사뿐 아니라 객귀들을 달래려고 마을 단위로 제사를 지내기도 했는데, 두려운 객귀도 마을 사람들이 정성을 다해 제사나 굿을 해서 모시면 때론 수호신으로 승격된다고 믿기도 했대.

재미있는 역사 지식

제사상에 올리면 절대 안 되는 음식이 있을까?

제사상에 올릴 음식을 만들기 위해 장을 볼 때부터 정성을 다했는데, 물건 값을 깎지도 않았고 품질이 가장 좋은 재료를 샀어. 그런데 제사상에 올리면 안 되는 음식이 있었는데, 귀신을 쫓는다는 과일인 복숭아와 귀신이 무서워하는 붉은 팥이 들어간 음식은 올리지 않았어. 또한 고춧가루 마늘 등 강한 향이 나는 양념을 써서 음식을 만들지 않았고, 뱀장어나 미꾸라지 같은 비늘이 없는 생선과 갈치 꽁치처럼 '치'자로 끝나는 생선은 낮게 여겨서 귀한 음식만 올리는 제사상에는 올리지 않았다고 해.

손 없는 날

 갑돌이는 신이 났어. 오늘이 바로 새집으로 이사를 하는 날이거든. 갑돌이의 아버지는 호미와, 삽, 낫 등을 만들어 파는 대장장이였는데, 그동안 열심히 일해서 모은 돈으로 드디어 조그마한 초가집 한 채를 마련했대. 갑돌이는 새벽같이 일어나 평소 잘 하지도 않던 세수를 말끔하게 하고 이삿짐을 싸는 어머니 치맛자락을 붙들고 졸졸 따라다녔어.

"어머니, 우리 새집으로 가면 제 방도 있는 거죠?"

갑돌이는 일부러 큰 목소리로 물었어.

"그래. 저리 가 있거라. 짐 싸는데 성가시게 말고."

어머니는 갑돌이의 몸집만 한 이불 보따리를 수레에 실으면서 손사래를 치셨어.

"어머니, 그럼 오늘부터 제 방에서 혼자 잘래요."

갑돌이는 안방 문 뒤에 숨어 쭈뼛거리고 있는 허풍이가 들었으면 하는 마음으로 크게 소리쳤어. 평소에 겁이 많은 갑돌이의 이름을 '겁돌이'라고 바꿔 부르며 놀리던 얄미운 녀석이었거든. 게다가 갑돌이가 혼자 쓰는 방이 생긴다니. 다섯 명의 동생과 손바닥만 한 작은 방에서 엎치락뒤치락 엉켜서 자야 하는 허풍이는 왠지 갑돌이에게 크게 진 것 같은 기분이 들어서 화가 났어.

"허풍아, 같이 놀던 친구가 이사 가는데 인사해야지."

안 그래도 짜증이 나는데 허풍이의 어머니가 허풍이를 억지로 끌어다 갑돌이네 식구들에게 인사를 시키는 거야.

허풍이는 인사를 하는 둥 마는 둥 하더니 갑돌이의 귀에 대고 속삭였어.

"겁돌이, 너 그거 알아? 새집에는 귀신이 득시글득시글하대. 오늘 밤 잠아먹히지 않게 조심해라."

허풍이의 말을 들은 갑돌이의 얼굴이 하얗게 질렸어. 가뜩이나 겁이 많은 갑돌이에게 귀신이라니. 상상도 하기 싫은 일이지 뭐야.

"거짓말하지 마. 너 내가 새집으로 이사 가니까 샘나서 그러는 거지?"

허풍이는 기분 나쁘게 입꼬리를 씩 올리며 속삭였어.

"못 믿겠으면 오늘 밤, 절대 잠들지 말고 지켜봐. 내말이 진짜인지 거짓인지."

갑돌이네 가족은 살림살이가 실린 수레를 끌고 밀며 그리 멀지 않은 거리를 걸어 새집으로 이사했어. 지금처럼 이삿짐회사나 짐을 운반하는 차가 없었던 시절에는 소나 사람이 끄는 수레를 이용했거든. 흙길을 굴러가던 수레바퀴에 빗방울이 하나둘 떨어지기 시작했어.

"아버지 비가 와요."

갑돌이는 이삿짐이 젖을까 봐 걱정이 되었어.

"오늘 손 없는 날이라더니 비까지 내려 주시니 더 좋구나. 우리 식구 새집에서 아주 잘 살겠어."

수레를 끄는 아버지는 비를 반기며 껄껄 웃으셨고 어머니도 커다란 헝겊으로 수레를 덮으며 좋아하셨어. '손 없는 날'은 사람 일을 방해하는 '손'이라고 부르던 귀신이 없는 좋은 날을 뜻한다는 것 정도는 갑돌이도 들어서 알지만, 비가 오는 게 왜 좋은지는 이해가 안 됐어.

"비가 오면 이불도 옷도 다 젖는 데 왜 좋다는 거예요?"

갑돌이의 난데없는 질문에 아버지가 적잖이 당황한 모양이었어.

"글쎄다. 비 오는 날 이사하면 힘이 많이 드니까 고생한 만큼 잘 살 거야, 이렇게 위로하려고 지어낸 이야기가 아닐까?"

아버지가 멋쩍게 웃자 어머니가 거들었어.

"그럴 수도 있지만, 내가 알기로는 비 오는 날 천둥과 번개가 치면 나쁜 귀신들이 놀라서 집 안에 들어오지 못하고 짐을 나르는 수레바퀴가 마른 땅보다 젖은 땅에서 덜 흔들리니까 안전하게 짐을 옮길 수 있어서가 아닐까?"

어머니의 대답에 갑돌이와 아버지가 고개를 끄덕였어.

"역시 우리 어머니는 모르는 게 없어. 최고예요."

하늘에서 축복처럼 내려 주는 가랑비를 맞으며 어느새 갑돌이 가족이 새집 앞에 도착했어.

아담하지만 작은 마당이 있고 대청마루에 방이 두 칸이나 있는 초가집은

갑돌이 눈에 임금님이 사는 대궐만큼 으리으리해 보였어.

"들어가도 돼요?"

갑돌이가 싸리문을 열고 집으로 들어가려고 하자 어머니가 갑돌이의 앞을 막아섰어.

"안돼!"

어머니는 품에 쌀이 가득 든 큰 솥을 안고 말했지.

"새집에는 밥솥이 먼저 들어가야 한단다."

어머니는 솥을 들고 먼저 집 안으로 들어갔어.

이사 가는 날 새집에 들어갈 때는 몇 가지 지켜야 할 전통이 있었어. 쌀이 가득 든 밥솥이 먼저 집 안으로 들어가야 새집에서 식량이 떨어져 굶는 일 없이 잘 산다는 믿음이 있었지. 쌀은 사람을 먹여 살리는 곡식으로 쌀이 많아야 부자라고 여겼기 때문이야. 또한 아궁이의 불씨를 꺼트리지 않고 새집으로 옮겨 가거나 새집 주위에 소금을 뿌리는 등 이사하는 날 행하던 풍습이 여러 가지 있었는데 모두 새집에서 나쁜 일 없이 좋은 일만 생기길 바라는 마음에서 비롯된 풍습이었어.

손 없는 날이란?

'손'이란 여기저기 옮겨 다니면서 사람들이 하는 일을 방해하는 귀신을 말하는데 '손님'이라고도 했어. 손은 날짜에 따라 여기저기 옮겨 다니면서 말썽을 피웠는데, 음력으로 1이나 2가 들어가는 날은 동쪽, 3이나 4가 들어가는 날은 남쪽, 5나 6이 들어가는 날은 서쪽, 7이나 8이 들어가는 날은 북쪽에 있다고 믿었대. 동서남북을 돌며 장난을 치던 손이 9와 10이 들어가는 날은 하늘로 올라간다고 해서 이 날을 '손 없는 날'이라고 했어. 쉽게 말해 음력으로 9와 10이 들어가는 날을 말하는 거야.

귀신의 밤, 귀신의 집

갑돌이는 새집에 들어서는 순간 허풍이가 말한 귀신 이야기는 새까맣게 잊었어.

이삿짐 정리에 바쁜 부모님 대신 시루 팥떡을 이웃집에 돌리느라 눈코 뜰 새 없이 바빴거든. 옛날에는 새로 이사를 하면 이웃들과 붉은 팥으로 만든 시루떡을 만들어서 나눠먹었대.

붉은 팥은 귀신이 무서워하는 음식이라 새집에 나쁜 귀신을 몰아내고 나쁜 기운을 막아 준다고 믿었거든. 좋은 날이면 떡을 해 먹었던 우리 조상들은 이삿날도 시루에 떡을 쪄서 이웃과 나누어 먹으면서 잘 지내보자는 인사를 대신했던 거야.

그렇게 유난히 짧았던 하루가 저물고 밤이 되었지. 그동안 단칸방에서 어머니 아버지와 함께 자던 갑돌이는 오롯이 자기 방에 새 이불을 갈고 눕자 기뻤어. 어머니가 밤새 바느질해서 만들어 준 새 목화솜 이불에서는 목화꽃에서 나지 않을 법한 달콤한 향기마저 풍겼지. 그런데 폭신한 이불 위를 데구르르 구르며 행복을 누리던 갑돌이의 머리에 갑자기 허풍이의 이야기가 떠올랐어. 귀신같이 숨어 있던 두려움이 갑돌이의 마음을 심술궂게 간지럽히자 갑돌이는 안 되겠다 싶어 베개를 끌어안고 벌떡 일어섰지. 하지만 왠지 이대로 안방으로 가서 엄마 품에 안겨 잔다면 얄미운 허풍이 녀석한테 지는 것 같은 비굴한 기분이 드는 거야.

"세상에 귀신이 어디 있어? 허풍이 녀석 괜히 샘나니까. 나도 이제 열 살이야. 귀신 따위 무서워하는 어린애가 아니라고. 하하하."

갑돌이는 괜히 호기를 부리며 큰 소리로 웃었어. 그러고는 다시 이불을 뒤집어쓰고 누워 잠을 청했지. 평소에는 눕기만 하면 곯아떨어졌는데, 새집이 낯설어서 그런지 잠이 오지 않았어. 뒤척이다 보니 허풍이가 말한 귀신 이야기만 자꾸 떠올랐어.

사각사각 새 이불 소리가 신경이 쓰였고 팔다리를 아무리 뒤척여도 아버지의 볼록 배나 어머니의 다리가 걸리지 않는 것이 허전했어. 갑돌이는 벌떡 일어나 앉았어.

"안 되겠다. 첫날이니까 오늘만 안방에서 자자. 내일부터 혼자 자지 뭐."

갑돌이는 방문을 열고 마당으로 나왔어. 갑돌이의 방에서 마당을 건너 대청마루를 지나야 안방으로 갈 수 있었거든. 고요한 마당에 가득 찬 달빛이 갑돌이의 그림자를 반겨 주었어. 갑돌이는 마당을 쪼르르 달려 댓돌에 신발을 벗고 냉큼 대청마루로 올라갔어.

안방을 향해 걸음을 옮기는데 난데없이 웬 백발의 할아버지가 숭숭 빠진

이를 드러내며 웃어 보이는 게 아니겠어?

"누구세요?"

갑돌이는 깜짝 놀라 엉덩방아를 찧은 채 할아버지를 올려다보았어.

"놀랐느냐? 미안하다. 애야 여기 어디서 요만한 쌀 주머니 못 봤누?"

할아버지는 손바닥 가운데를 짚어 보이며 물었어.

"쌀 주머니라뇨? 남의 집에서 왜 그런 걸 찾으세요?"

"그것이 아주 중요한 것이라 꼭 찾아야 하는데 큰일이구나."

할아버지는 근심 가득한 표정을 지었어.

"그걸 왜 우리 집에서 찾으시냐고요?"

갑돌이는 조금 무서웠지만 용기를 내서 물었어.

할아버지는 쪼글쪼글한 입술을 앙다물면서 눈을 부릅떴어.

"알고 싶으냐? 그건 말이지……. 내 몸이거든."

"네?"

놀라서 할아버지를 훑어본 갑돌이는 기겁했어. 할아버지는 몸뚱이가 없이 머리와 팔만 달린 흰 저고리를 펄럭펄럭 바람에 나부끼고 있었던 거야.

"애야, 내 몸 좀 찾아다오."

"으악! 사람 살려!"

갑돌이는 헐레벌떡 마루를 뛰어 내려와 발길 닿는 곳으로 무작정 뛰었어. 칠흑 같은 어둠 속에서 가늘게 새어 나오는 빛을 발견하고 달렸지. 그리고 문을 벌컥 열었어. 아궁이에서 장작불이 활활 타는 부엌이었어.

"살려 주세요. 어머니, 귀신이 있어요."

겁에 질린 갑돌이는 아궁이 앞을 지키고 앉은 어머니의 등을 와락 끌어

안았어.

"허풍이 말이 사실이었어요. 새집에 귀신이 있어요."

어머니는 팔을 뻗어 두려움에 떠는 갑돌이를 안아 주었어. 장작 타는 냄새가 밴 어머니의 품이 왠지 낯선 느낌이었지만 갑돌이는 눈도 못 뜬 채 벌벌 떨며 품에 매달렸어.

"아가가 많이 놀란 모양이구나."

갑돌이의 등을 쓸어 주는 어머니의 목소리가 이상했어. '아차' 싶은 마음에 고개를 든 갑돌이의 눈에는 머리가 하얗게 세고 얼굴에 주름이 가득한 어머니가 보이는 거야. 갑돌이는 눈을 비비고 다시 어머니의 얼굴을 보았어. 어둑어둑한 장작 불빛에 비친 얼굴은 너무나 낯설었어. 어머니는 유난히 긴 팔을 들어 공중에 원을 그리듯 휘둘렀어. 그러자 부엌 안에 가득 놓인 수십, 아니 수백 개의 촛불에 동시에 불이 켜지는 거야. 요술처럼 밝아진 부엌 안에서 본 사람은 어머니가 아니라 처음 보는 할머니였어. 갑돌이는 심장이 발밑으로 뚝 떨어지고 눈알이 코앞으로 툭 튀어나오는 것만 같았어.

할머니는 놀란 갑돌이를 보자 눈처럼 하얀 눈썹을 찌푸리며 말했어.

"왜 그러니 아가? 배가 고픈 게로구나? 할미가 밥 주련? 마침 고깃국이 맛있게 끓었단다."

할머니는 다시 공중으로 팔을 휘휘 저었어. 그러자 부뚜막에 놓인 커다란 가마솥 뚜껑이 저절로 스르르 열리는 거야. 뽀얀 김이 걷히자 가마솥 안에 보글보글 끓고 있는 국이 보였어. 구수한 냄새가 코를 찔렀지. 갑돌이가 저도 모르게 군침을 꿀꺽 삼키는데 갑자기 끓는 국물 속에서 불쑥 누런

소머리가 튀어나왔어.
음메!
할머니는 당황한 기색으로 급하게 팔을 휘저어 솥뚜껑을 닫았어.
"아가야, 아직 고기가 안 익었구나. 으훼훼훼훼훼!"
"으악!"

가장 고약한 귀신을 만나다

 갑돌이는 부엌이 떠나가라 비명을 지르고 밖으로 고꾸라지듯 뛰어나왔어. 이상한 할머니의 소름 끼치는 웃음소리가 갑돌이의 발목을 잡은 듯 발걸음이 천근만근 무거웠지만, 온 힘을 다해 달렸어. 새집이 이렇게 넓었나 싶었지만 지금 그런 것을 따질 때가 아니기에 그냥 한참을 달렸어.
 얼마나 달렸을까 막다른 길에 닿은 갑돌이의 손에 문고리 같은 것이 잡혔어. 문을 연 갑돌이는 시커먼 어둠을 밟고 더듬더듬 문 안으로 들어갔어. 처음에는 아무것도 보여 주지 않던 어둠이 눈을 몇 번 깜빡이는 동안 경계를 풀고 서서히 정체를 드러냈지. 그보다 먼저 갑돌이의 코에 정체를 들키기는 했지만 말이야. 코를 찌르는 구린내가 가득한 그곳은 바로 똥과 오줌이 가득한 변소였어.
 갑돌이는 두 손으로 얼른 코를 감싸 쥐었어. 귀신을 보고 놀란 가슴이 희한하게도 익숙한 똥 냄새에 진정이 되는 것 같았어. 쿵쿵 갑돌이의 귀를 울리던 심장 뛰는 소리가 잦아질 때 즈음 날카로운 여자의 목소리가 어둠을 찢고 들려왔어.

"깜짝이야! 누구야? 누가 버릇없이 기척도 안 하고 막 들어온 거야?"

갑돌이는 앙칼진 여자의 목소리에 주눅이 들어서 겨우 모기만 한 목소리로 대답했어.

"죄송합니다. 어두워서 안에 누가 있는 줄 몰랐어요."

갑돌이가 서둘러 변소를 나가려는데 뭔가 기다란 뱀 같은 것이 스르르 갑돌이의 발목부터 다리를 타고 올라오는 게 느껴졌어. 그 기다란 것은 갑돌이의 다리를 휘휘 감았지. 갑돌이는 뭔지 모를 그것을 질질 끌고 겨우 변소 밖으로 나왔어. 그러고는 다리에 걸린 것을 떼어내려 안간힘을 썼지.

"놔! 이거 뭐야! 놓으라고!"

갑돌이가 발버둥을 치자 갑자기 변소 문이 활짝 열리고 시커먼 머리를 늘어뜨린 여자가 공중에 둥둥 떠서 다가왔어.

"너같이 버릇없는 놈은 혼이 나야지. 호호호호호호."

갑돌이의 다리를 감은 긴 것은 바로 여자의 머리카락 이었던 거야. 여자가 검고 긴 머리를 재빨리 거두자 갑돌이는 다리에 머리카락을 휘감은 채 거꾸로 공중에 대롱대롱 매달렸어.

여자는 팔다리를 허우적대는 갑돌이를 보면서 깔깔대고 웃었어. 여자의 으스스한 웃음소리에 갑돌이의 몸엔 소름 꽃이 피어났지.

"으악! 살려 주세요! 사람 살려!"

갑돌이는 공중에 매달린 채 버둥대다 그만 기절하고 말았어.

'내가 죽어서 천국에 온 것일까?'

갑돌이의 눈앞에 저고리가 다 벌어져 둥그런 배가 드러나 보이는 아버지와 선녀처럼 유난히 더 예뻐 보이는 어머니의 걱정스러운 얼굴이 보였어.

"어머니, 여기가 천국인가요?"

갑돌이가 겨우 입술을 움직이자 어머니는 생긋 웃음을 지으며 놀란 가슴을 쓸어내렸지.

"우리 갑돌이 똥떡 해 먹여야겠네요."

아버지도 껄껄 웃으며 말했지.

"하하하! 이놈 여러 번 씻겼는데도 아직도 구린내가 진동을 하네. 측간 귀신이 해코지하기 전에 얼른 똥떡 해서 먹입시다."

갑돌이는 영문을 몰라 눈만 껌뻑였지. 나중에 들어 보니 혼자 잠든 갑돌이가 잠결에 오줌이 마렵다고 변소에 간 모양이야. 새집이라 낯설고 불빛 한 자락 없는 변소에서 발을 헛디딘 갑돌이는 그만 똥통에 빠졌고 살려달라고 소리치다가 기절을 했대.

그 동안 귀신 꿈을 꾼 모양이야. 갑돌이의 목소리를 들은 아버지가 달려와 똥통에 빠진 갑돌이를 건져서 씻기는 동안에도 갑돌이는 죽은 사람처럼 잠에서 깨어나지 않았다지 뭐야.

하지만 갑돌이는 그 말을 도저히 믿을 수가 없었어. 갑돌이가 본 귀신들은 붓을 쥐어 주면 바로 모습을 그려 낼 수 있을 정도로 생생했거든.

어쨌든 그렇게 새집에서의 소동은 끝났고 똥떡을 맛있게 먹은 갑돌이는 집 안에서 본 귀신들에 관한 이야기를 어머니께 듣게 되었어. 사람이 사는 집 안에 있는 귀신들은 집을 지켜 주는 좋은 귀신들이라나? 그 이야기를 들으니 조금은 덜 무서운 것 같았어. 낯설던 새집이 친근하게 느껴지기도 했지.

하지만 갑돌이가 그날부터 열두 살이 되던 해까지 엄마 품에서 잤고, 가끔 귀신 꿈을 꾸는 바람에 이불에 오줌을 싸서 키를 쓰고 이웃집에 소금을 얻으러 갔던 것은 우리 비밀로 묻어 주도록 하자.

재미있는 역사 지식

오줌을 싸면 왜 키를 쓰고 소금을 얻으러 다녔을까?

옛날에는 아이가 실수로 이불에 오줌을 싸면 키를 씌워 이웃집에 소금을 얻어오라고 보냈대. 이웃집 어른들은 오줌싸개에게 소금을 주면서 키를 찰싹찰싹 때려 창피를 주었고. 이런 행동을 한 것에는 다 이유가 있었는데, 키는 곡식의 쓸모없는 껍데기와 이물질을 걸러내는 도구로 오줌 싸는 나쁜 버릇을 거른다고 씌웠고 소금은 깨끗하게 하는 정화의 의미가 있어서 얻어오도록 한 거야. 소금을 준 뒤에 키를 찰싹찰싹 때려 주면 오줌싸개에게 붙은 나쁜 귀신이 떨어져 나간다고 믿었다는데, 아픈 것보다 창피해서 오줌싸개 귀신이 떨어져 나갔을 것 같기도 해.

귀신이야? 신이야?

옛날 우리의 조상들은 귀신이 늘 주변에 있다고 믿었고 특히 사는 집 안 구석구석에 귀신이 있다고 믿었어. 사람이 사는 집에 같이 사는 귀신은 이로운 귀신이라 집과 그 집 식구들을 지켜 준다고 생각했고, 반대로 사람이 살지 않는 빈집에 사는 귀신은 해로운 귀신이라고 여겼어. 흉가에 붙어 사는 귀신이 사람들을 해치는 이야기가 공포 영화의 단골 소재가 되는 것도 이런 생각 때문이야.

반면에 집 안에 살던 귀신, 가신家神들은 두렵고 끔찍한 귀신들이라기보다 집터와 집을 지켜 주는 수호신과 같은 존재였어. 살아 있는 사람이 아니라는 것은 귀신과 비슷하지만, 사람을 해치지 않고 잘되도록 돌봐 준다는 것에서 귀신과 다르니까 귀신보다는 신이라고 할 수 있지. 사람들은 집 안 귀신들을 위해 음식을 준비해서 제사를 지내기도 하고 소원을 빌기도 했대.

한 집의 지붕 아래는 여러 명의 귀신이 살았는데 갑돌이가 대청마루에서 만난 할아버지 귀신은 집의 건물을 지켜 주는 성주신이었어. 성주신은 집 안 귀신들의 대장이라고 할 수 있는데, 인간들에게 집 짓는 법을 가르쳤다고 해서 집의 건물을 보살피는 신이 되었대.

성주신 할아버지가 옷자락을 펄럭대면서 자기 몸을 못 봤냐고 물어봤잖아? 성주신의 몸은 주로 작은 단지에 쌀과 돈을 넣어 흰 종이로 감싸 만들었는데, 집의 가장 중심이라고 볼 수 있는 대들보 위에 올려놓았어.

이사를 하게 되면 성주신에게 인사하고 모시는 '성주받이'라는 굿을 하기도 했고, 새집을 지으면 '새 성주님을 모셨다'라고 말하기도 했을 정도로 인간들에게 대접을 받는 귀신이었어.

갑돌이가 부엌에서 본 할머니 귀신은 누굴까? 손짓 하나로 불을 타오르게 하던 할머니의 정체는 바로 조왕신이야. 조왕신은 부엌을 지키면서 불을 다스리는 신이지. 부엌살림을 도맡아 했던 할머니나 어머니들이 섬기던 신인데 부뚜막 뒤에 자리 잡고 있다가 집 안에서 일어나는 일을 하늘에 조목조목 다 전하는 역할을 했대. 그래서 옛날 어머니와 할머니들은 조왕신에게 거슬리는 일을 하지 않으려고 애썼고 날마다 깨끗한 샘물을 받아 두고 조왕신에게 절하며 집안이 편안하길 빌었어.

성주신과 조왕신은 무서운 귀신이라기보다 인자한 할아버지 할머니 같지 않니? 집 안에 살던 귀신은 다 이처럼 착한 귀신일까? 아주 성질이 고약하고 잘못하면 큰 병을 주는 신도 살고 있었대. 바로 갑돌이가 마지막으로 만난 측간 귀신이 그 고약한 신이야. 측간 귀신 또는 측신으로 불리는 이 신은 성격이 예민하고 까칠했는데, 특히 깜짝 놀라는 것을 유난히 싫어했대.

성주신

성주 단지로 성주신을 모시는 단지다.
안에 쌀이나 돈을 넣어 두며,
성주신은 집안을 다스리는 신으로 보통은 대들보 위에 모셔 둔다.

측신의 유일한 취미는 자신의 긴 머리카락을 풀어 발에다가 걸고 하나하나 세는 일이었는데 "팔천육백일흔하나, 팔천육백일흔둘……." 이렇게 머리카락 세기에 집중하고 있을 때 누가 갑자기 들어오면 깜짝 놀라서 버럭 화를 냈대. 그러고는 세던 머리카락을 들어온 사람한테 씌워 버린대. 그러면 그 사람은 몹쓸 병에 걸려서 시름시름 앓게 되었다고 해. 그래서 변소에 가기 전에는 측신이 놀라지 않도록 "에헴!" 하고 헛기침을 하거나 말소리를 내서 기척을 해 주고 들어가야 무사했다고 해.

변소라고 불리던 예전의 화장실은 지금의 것과 완전히 다른 모습이었어. 땅을 깊게 파거나 커다란 항아리를 놓고 그 위에 널빤지를 걸쳐서 엉거주춤 앉은 자세로 볼일을 볼 수 있게 만들었거든. 지금의 어린이들은 상상도 못할 거야. 고약한 냄새는 물론이고 발을 헛디뎠다가는 똥통에 푹 빠질 수 있으니 위험하기 짝이 없었지. 실제로 똥통에 빠져서 똥독이 올라 죽은 아이들도 있었대.

어른보다 다리가 짧고 다리 힘이 약한 아이들이 똥통에 자주 빠졌는데, 아이가 똥통에 빠지거나 신발이라도 빠뜨리면 어른들은 '똥떡'을 만들어서 측간 귀신에게 대접하고 나눠 가지면서 아이가 건강하기를 바랐대. 오해는 마. 이름이 똥떡이라고 해서 똥이 들어간 떡은 아니야. 붕어빵에 붕어가 들어가지 않는 것처럼 말이야. 집에 있는 쌀가루나 곡식 가루로 동글동글 빚어 만든 떡이었지.

측신이 성격이 포악하고 노여움을 잘 타는 신이라 심기를 건드리지 않으려고 유난히 조심했대. 지역에 따라 측신을 모시는 방법도 달랐는데, 강원도 지역에서는 변소를 지은 뒤에 좋은 날을 택해 불을 밝혀 놓고 제사를

지냈고, 충남 지역에서는 환갑잔치를 하면 변소에 먼저 상을 차려 오는 손님들이 탈이 나지 않도록 했고, 전라남도 지역에서는 시댁에서 아이를 낳아 친정으로 가면 아이를 안고 가장 먼저 찾아가는 곳이 변소였대. 측신에게 먼저 인사시켜야 아이가 탈이 없이 건강하게 자랄 수 있다고 믿었기 때문이래.

그밖에도 집터를 지키는 터주신, 대문을 지키며 잡귀신이 들어오는 것을 막던 문왕신, 장독대에 살며 항아리를 지키던 철륭신, 굴뚝을 지키던 굴대장군, 곳간을 지키는 업왕신, 안방에서 아이들을 보살피는 삼신 등 집 안에는 여러 신이 살고 있었다고 믿었어. 때마다 붉은 팥으로 죽을 쑤고 떡을 해 바치는 등 정성을 다하면서 신과 함께 살았지. 옛사람들에게 집이라는 곳은 먹고 자고 쉬는 공간뿐 아니라 가족의 안전과 복을 지켜 주는 곳으로 신성한 곳이었어. 그래서 일 년 중 가장 신성한 달이라고 여기던 10월 상달에 햇곡식과 과일을 거두어 가신들에게 고사를 지내기도 했단다.

그럼 그 옛날 집 안 곳곳에 붙어 있던 신들이 지금은 다 어디로 갔을까? 예전처럼 대들보도 없고 아궁이도 없고 변소도 달라져서 신들이 다 사라진 것일까? 혹시 아직도 우리 집 거실 전등갓 위에 성주신이 살고 화장실 변기 뒤에 측신이, 주방 오븐 속에 조왕신이 사는 것은 아닐까? 밤에 화장실에 갈 생각하면 무섭다고? 걱정 마. 이런 귀신이 아직 우리 집에 산다고 해도 우리를 지켜 주는 신이라 놀라게 하지는 않을 거야. 그래도 까칠한 측신은 조심하는 게 좋겠어. 밤에 화장실에 가게 되더라도 불을 먼저 켜거나 말소리를 내서 놀라지 않게 조심한다면 해치지 않겠지. 꼭 기억해.

재미있는 역사 지식

사람이 죽으면 다 귀신이 되었을까?

옛사람들은 사람이 죽으면 혼백(魂魄: 사람의 몸과 정신을 다스리는 영혼)이 혼과 백으로 따로 분리되어 하늘과 땅으로 돌아간다고 생각했대. 하늘로 올라간 혼은 신이 되고, 죽은 인간과 함께 땅에 묻히는 백이 귀가 되는데, 이 귀가 땅에 묻혀서 흙이 되지 못하고 세상에 미련이 남거나 한을 품으면 귀신이 되는 것이라고 믿었어. 죽어서 귀신이 되어 이승을 떠돌아다니는 경우보다 저승으로 가는 경우가 많았다고 해. 하지만 죽은 사람은 말이 없으니 죽은 뒤에 상황에 관해서는 누구도 알 수 없는 노릇이지.

제6장

귀신이 알려 주는
우리 풍습 이야기

야광귀가 나타났다, 신발을 감춰라!

한 해를 보내고 새해를 맞이하는 섣달그믐 밤이 오면 꼭 나타나는 귀신이 있었어. 새해를 맞이하는 날답게 알록달록 색동옷을 차려입고 오는 이 귀신은 아이들처럼 조그만 체구에 맨발로 나타나지. 아무리 귀신이라지만 추운 겨울밤에 맨발로 다니려니 얼마나 발이 시리겠어.

그래서 이 귀신은 인간 세상에 내려와서 자신의 작은 발에 맞는 신발을 훔쳐 가곤 했어. 그 작은 발에 맞는 신발이라고는 대부분 어린아이의 것이었지. 이 귀신에게 신발을 빼앗긴 아이는 일 년 동안 운이 나쁜 일이 계속되거나 병을 앓게 된다고 했어.

그 귀신은 이름도 재미난 야광夜光이라는 귀신이야. 야광귀라도 부르고 양괭이라고도 불렀던 이 귀신은 이름처럼 몸에 빛을 내기도 했대. 야광귀에게 신발을 빼앗기지 않으려고 섣달그믐 밤이면 아이들이 신발을 숨기고 잤고 어른들은 마루에 곡식 가루를 거를 때 쓰는 체를 걸어 두었어. 난데없이 체를 왜 걸었을까?

야광귀는 스스로 무척 똑똑하다고 생각하는 잘난 척 대왕이었대. 특히 숫자를 무척 잘 센다고 자부하는 녀석이었는데, 누구보다 숫자를 잘 안다고 자부해서 숫자 세는 것을 좋아했대.

그런 녀석에게 체를 던져 줬으니 아주 재미있는 문제를 준 것과 같은 일이었지. 체에는 구멍이 아주 많잖아. 야광귀는 신발을 훔치러 왔다가 체를 보고는 그 많은 구멍에 마음을 홀딱 빼앗겨서 구멍을 세기 시작했대.

"하나, 둘, 셋, 넷……"

열심히 구멍의 수를 세지만 결국 야광귀는 구멍을 다 세지 못하고 매년 실패를 맛보고 돌아갔대. 워낙 체에는 구멍이 많기도 하거니와 야광귀에게는 치명적인 약점이 있었기 때문이지.

슬프게도 잘난 척 대왕 야광귀는 숫자를 넷까지 밖에 몰랐대. "하나, 둘, 셋, 넷"까지 세고 또다시 "하나, 둘, 셋, 넷", 또 다시 "하나, 둘, 셋, 넷……" 밤을 새워 도돌이표가 있는 노래처럼 세고 또 세고 반복하다가 새벽을 알리는 첫닭이 울면 아쉬움을 뒤로하고 사라져야만 했대.

야광귀는 금은보화도 아니고 하필 왜 더럽고 냄새나게 남이 신던 신발을 훔쳐 갔을까? 옛날에는 신발이 지금처럼 흔하지 않고 귀했어. 신발은 신분과 계급을 나타내기도 했는데, 양반은 비싼 가죽신을 신고 평민은 구하기 쉬운 짚으로 만든 짚신이나 미투리를 신었지만, 그것마저도 풍족하지 않아서 바닥이 닳고 구멍이 뚫릴 때까지 신었대. 그래서 신발은 자주 바꿔 신을 수 있는 물건이 아니었고 그 사람을 상징하는 동시에 그 사람의 자취나

흔적이라고 여기기도 했대. 때문에 야광귀에게 신발을 잃은 아이는 건강을 잃거나 좋은 운을 빼앗긴다고 생각했던 것 같아.

　어때? 야광귀는 무섭다기보다 좀 가엾고 우스운 귀신이지? 만약 너희들이 색동옷을 차려 입은 야광귀를 만나게 되면 어떨까? 용기를 내서 적어도 열까지는 셀 수 있게 숫자를 가르쳐 주지 않을래? 음, 나는 그냥 신발만 숨길래.

알고 나면 하나도 안 무서운 정보
어린아이들은 왜 색동옷을 입었을까?

옛날에는 지금처럼 의학이 발달하지 못해서 갓 태어난 아기나 어린아이들이 병에 걸려 죽는 경우가 많았어. 그래서 부모들은 태어난 지 100일, 일 년 등을 축하하면서 아이에게 색동옷을 지어 입혔는데, 색동옷은 저고리 소매에 여러 가지 색깔의 천을 덧대어서 만든 옷으로 우리나라 전통색인 오방색에서 비롯된 거야. 동서남북과 중앙 다섯 개의 방향, 오방에는 신성한 동물들이 지키고 있는데, 동쪽을 지키는 청룡은 푸른색, 서쪽의 백호는 흰색, 남쪽 주작은 붉은색, 북쪽 현무는 검정색, 그 가운데까지의 황룡은 노란색을 상징하지. 색동옷을 입으면 오방의 동물들이 아이의 생명을 지켜 준다고 믿어서 아기부터 6세나 7세의 어린이까지 입었어.

색동옷

출처 국립 민속 박물관
명칭 사진엽서 소장품 번호 일본 1831

길거리에 귀신들이 와르르, 공포의 그날

일 년 중에 귀신이 가장 많이 나오는 날은 언제일까? 핼러윈데이? 아니면 13일의 금요일을 생각하고 있니? 땡! 미안하지만 우리에게는 1월 16일이 가장 조심해야 할 공포의 날이었어.

음력으로 1월 16일은 바로 '귀신날'이었거든. 귀신날에는 길거리에 대낮부터 온갖 귀신들이 쏟아져 나왔대. 억울하게 죽은 원귀부터 총각 때 죽은 몽달귀신, 처녀 귀신, 얼굴 없는 달걀귀신, 집 떠나 밖에서 죽은 객귀, 굶어 죽은 아귀 등 대낮 장터에 사람들이 북적대는 것처럼 귀신들이 차고 넘쳤지. 이날 하루는 바깥을 귀신들에게 내어 주고, 사람들은 집 안에서 꼼짝하지 않고 아무 일도 하지 않았대. 귀신들이 득시글대는 밖에 나갔다가 잘못하면 사람의 치맛자락이나 바짓가랑이를 잡고 따라온 귀신들을 집 안에 들일 수도 있었거든. 밖에서 돌아다니던 귀신이 집에 들어오면 병을 가져오거나 나쁜 일이 생긴다고 믿었으니 큰일이지 뭐야. 그래서 낮에는 집에서 꼼짝하지 않고 있다가 해가 지면 본격적으로 귀신을 쫓았어.

저녁 해가 담장 너머로 사라지면 먼저 대문간에 '귀신불'을 태웠지. 귀신불은 귀신을 쫓는 불을 말하는데 고추씨, 목화씨, 머리카락 등을 모아 태워 독하고 고약한 냄새를 피우기도 하고 불에 탈 때 '따닥따닥!' 하고 큰 소리를 내는 대나무를 태워서 귀신이 집 안으로 들어오는 것을 막았대. 귀신 쫓는 이야기가 나왔으니 옛날 사람들이 귀신을 쫓아내던 방법을 몇 가지 알려 줄게.

이것을 벽사(辟邪: 사악한 기운을 막고 나쁜 귀신을 쫓아냄)라고 해.

먼저 팥죽으로 귀신을 물리칠 수 있었는데 귀신이 붉은 팥을 무서워해서 팥으로 죽을 만들어서 집 주위에 뿌리거나 먹었어. 귀신날만큼 나쁜 기운이 강해서 귀신이 많다는 동짓날에 주로 팥죽을 먹었지.

귀신들이 팥의 색깔처럼 붉은색을 싫어하는 이유로 아이들과 여자들은 손끝에 빨갛게 봉숭아 꽃물을 들이기도 했어. 귀신이 붉은색을 싫어하는 이유는 붉은색이 귀신이 무서워하는 불(火)을 의미하기도 하고 '처용 설화'에서 비롯되었다고 전해지기도 해. 처용은 전염병을 옮기는 귀신인 역신을 쫓는 설화 속 인물인데, 처용의 얼굴이 붉은색이라 귀신들이 처용을 두려워해서 붉은색을 싫어한다는 거야. 귀신을 쫓으려고 처용의 얼굴을 그려서 대문에 붙이기도 했대.

처용의 그림뿐 아니라 호랑이, 닭, 개 등의 동물이나 용, 해태 등의 상상 속 동물을 그려서 붙이기도 했어. 귀신이 두려워하는 동물의 그림을 붙여 놓으면 귀신이 달아난다고 믿었거든. 주로 '세화'라고 해서 새해가 시작되는 첫날 그림을 그려 선물하거나 집에 붙였지.

따라서 옛날 사람들이 벽사 그림으로 그려 붙였던 민화들이 아직도 많이 남아 있기도 해.

대낮부터 귀신이 돌아다니는 날이 있었다니 무섭지? 무서워하는 친구들을 위해 비밀 하나 알려 줄까? 귀신날의 전날인 1월 15일은 옛날에 큰 명절이었던 '정월 대보름'이었어. '정월 대보름'에는 농사일을 하지 않고 축제처럼 마음껏 먹고 노는 날이어서 남의 집에서 힘든 일을 돕던 머슴들에게는 더 신나는 날이었거든. 그날 신나게 먹고 놀다가 다음 날부터 힘겨운 농사일을 하려니 기분이 어떻겠어? 하루만 더 푹 쉬었으면 하는 생각이 들었겠지? 머슴들이 꾀를 내서 정월 대보름에 먹던 떡과 음식을 먹으러 귀신들이 대낮부터 돌아다닌다고 소문을 냈대. 그렇게 귀신날이 만들어졌고 머슴들은 하루 더 놀 수 있었다는 이야기도 전해 내려오고 있단다.

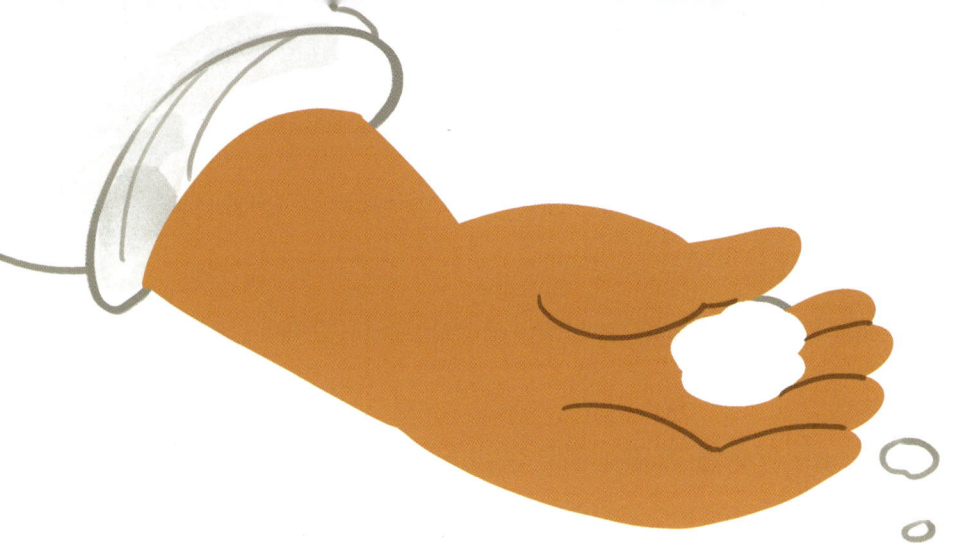

너도 먹고 떨어져라, 고수레!

　땔감이 급한 겨울이 코앞으로 다가오자 나무꾼의 도끼는 이 산 저 산의 나무를 베느라 분주했어. 베야 할 나무가 많은데 을씨년스러운 바람이 철없게도 나무꾼의 땀범벅 더벅머리를 살랑살랑 간질였어. 나무꾼은 못 이긴 척 도끼 자루를 내려놓고 이마에 흐른 땀을 식히기로 했지.
　방금 베어 낸 소나무 그루터기에 걸터앉은 나무꾼은 지게에 매달린 작은 보퉁이를 꺼냈어. 보퉁이를 풀자 안에서 고소한 콩가루에 버무려진 주먹밥 한 덩이가 나왔어.
　돌도 씹어 소화시킬 장정에게 작은 주먹밥은 한참 모자랐지만, 나무꾼은 웬일인지 주먹밥 귀퉁이를 조금 떼서 허공에 던지는 거야.

"고수레! 귀신아, 너도 먹고 떨어져라."

그러자 평화롭고 조용하던 산에 난리가 났어. 어디서 나타났는지 굶어 죽은 아귀와 집을 나와 떠돌다 죽은 객귀가 몰려들어 서로 주먹밥을 차지하려고 싸움이 난 거야.

아귀가 먼저 주먹밥 덩어리를 움켜쥐고 냅다 입으로 가져갔어. 하지만 헛손질일 뿐 주먹밥은 땅에 꿈쩍 앉고 있었지. 객귀가 이때다 싶어 엎드린 자세로 큰 입을 벌려 땅에 있는 주먹밥을 삼켰어. 역시 객귀도 빈 입으로 입맛만 다실 뿐 입에 들어오는 것이 없었지.

귀신들이 주먹밥 덩이에 달려들어 배를 채우려고 안간힘을 쓰는 동안 나무꾼은 손에 든 주먹밥을 다 먹고 일어나 도낏자루를 고쳐 쥐었어.

"해 떨어지기 전에 빨리 끝내야겠다. 오늘따라 산속이 더 조용하네."

적막한 산속에는 다시 나무꾼의 도끼 소리만 가득했어. 아직도 옆에서 주먹밥 덩이를 가지고 싸우는 아귀와 객귀들이 나무꾼에게는 보이지 않으니 그저 조용한 산속일 뿐이었지.

옛날 사람들은 들에서 농사를 짓거나 산에서 나무를 할 때 또는 바다에서 고기를 잡다가 음식을 먹을 때 음식의 첫술이나 처음 따른 술을 주위에 던지며 "고수레"라고 외치는 풍습이 있었어. 음식을 먹기 전에 신들에게 감사의 인사를 하는 것이라고 하는데, 고수레를 하지 않고 음식을 먹으면 배탈이 난다고 믿기도 해서 밖에서 음식을 먹을 때 꼭 지키던 풍습이었대.

밖에서 음식을 먹을 때뿐 아니라 제사, 굿을 하거나 성묘를 할 때도 음식을 떼어 고수레했어. 음식을 고수레하면 잡귀신들이 들끓지 않는다고 믿었기 때문이야. 굶주린 귀신들이 고수레한 밥이나 술을 얻어먹으면 사람들에게 해를 끼치지 않았다고 해.

고수레는 어떻게 생겨난 것일까?

옛날 고조선 때 농사와 가축을 맡아 다스리던 '고시'라는 사람이 살았대. 고시는 사람들에게 농사짓는 법을 가르치고 불을 만드는 법도 가르쳤다고 해. 사람들은 고시에게 배운 농사법으로 거둔 곡식을 불로 익혀 음식을 만들어 먹으며 항상 고마움을 느꼈지.

그래서 그 감사의 마음을 표현하려고 산이나 들에서 음식을 먹을 때 음식의 일부를 떼어서 던지며 고시의 이름을 외쳤대. "고시네!" 이 '고시네'라는 말이 '고시레'가 되고 '고수레'로 변화했다고 하는데 고수레의 유래는 이 밖에도 여러 가지가 있다고 해.

그렇다면 사람들이 고수레한 음식은 어떻게 되었을까? 주로 굶주린 쥐나 새 등 들짐승이나 작은 벌레가 먹었을 거야.

고수레의 풍습은 오래 계속되었지만, 야생 동물들에게 먹이를 주게 되어 야생성을 해친다는 이유로 금지하면서 점차 사라지게 되었어. 지금은 성묘 때 산소 주변에 고수레하는 풍습이 남아 있을 정도지만 고수레야말로 귀신이나 작은 들짐승조차도 배곯지 않게 하고 싶었던 우리 조상들의 따뜻한 마음씨가 그대로 담긴 아름다운 풍습인 것 같아.

'걸신들린다'라는 말은 어떻게 생겨났을까?

걸신은 이곳저곳에서 밥을 빌어먹는 귀신을 말해. 걸신은 늘 배가 고파 있는 귀신으로 아무리 먹어도 주린 배가 채워지지 않는다고 해. 어떤 음식에 대한 욕심이 지나치거나 게걸스럽게 먹을 때 "걸신들린 것 같다"라는 말을 쓰곤 해. 귀신 아귀가 이 걸신에 해당하는데 그래서 "아귀처럼 먹어대다"라는 말도 있어. 아귀는 생선이 아니라 굶어 죽은 귀신을 말하는 것으로 걸신들린다는 것과 비슷한 경우에 쓰는 말이야. 생선 아귀의 이름도 큰 입과 흉측한 모양 때문에 귀신 아귀처럼 생겼다고 해서 붙여졌다고 해.

많이 먹어도 늘 배가 고픈 아귀들의 비밀

"먹기는 아귀같이 먹고 일은 장승같이 한다"라는 속담이 있어. 아귀는 굶주린 귀신이라 아귀처럼 많이 먹기만 하고 일할 때는 장승처럼 가만히 있으면서 일을 하지 않는 사람을 이르는 말이야.

불교에서는 굶주림과 목마름으로 가득 찬 세상을 뜻하기도 하고 생전에 욕심이 많고 인색한 사람이 죽어서 되는 귀신이라고도 해. 옛날에는 먹을 것이 풍족하지 않아서 굶어 죽는 사람이 많았대. 그래서 굶어 죽어 아귀가 된 귀신들이 떠돌아다니면서 사람들을 해코지한다고 믿었지.

그런데 우리나라가 먹을 것이 없어서 사람이 많이 죽기도 했지만 다른 나라 사람들보다 많이 먹었던 대식가의 나라라는 것은 알고 있니?

옛날 그림들을 보면 사람들이 지금의 밥공기의 몇 배나 되는 밥주발을 앞에 하나씩 두고 밥을 먹는 모습을 볼 수 있어. 왜 밥을 그렇게 많이 먹었을까? 간식이 풍부하지 않아서였을까?

 농사철에는 하루 세 끼를 먹고 그사이에 또 새참까지 먹었는데, 이웃 중국이나 일본에 다녀온 우리나라 대신들이 그 나라 사람들은 밥그릇이 찻잔만 하고 한 끼에 쌀 두어 줌밖에 먹지 않는다며 놀랐다고 해. 반면 우리나라에 왔던 외국인들은 우리의 밥 먹는 양을 보고 깜짝 놀랐다는 기록도 많이 남아 있고 말이야.

 밥을 담던 밥주발은 높이가 15센티미터가 넘는 것이 많았고 숟가락도 길이가 25~30센티미터까지 길고 커서 주먹 쥔 손에 끼우듯 들고 먹었대.

 농사를 짓는 평민들뿐 아니라 신분이 높은 양반들은 더 했다는데, 행사가 있으면 상을 어마어마하게 차려 놓고 먹었고, 다 먹지 못하면 하인들이 먹을 정도였다고 해. 양반은 늘 상다리가 휘어질 정도로 먹었고 곡식이 떨어지는 보릿고개를 견뎌야 하는 평민들은 기회가 있을 때 많이 먹어둬야 했대. 하지만 일반 백성의 경우는 주로 밥만 많이 먹는 탄수화물 위주의 식사였기 때문에 많이 먹어도 대부분 빼빼 마른 체형이었다고 해.

 아직도 제사를 지낼 때 옛날 밥주발을 이용해서 지내는 집이 있는데, 그 크기가 지금의 밥공기 보다 매우 큰 것을 볼 수 있어. 우리나라는 1960년대까지도 이 밥주발을 이용해서 많은 양의 밥을 먹었는데, 1970년대에 나라에서 쌀 소비를 줄이려는 방안을 제시했어. 식당에 스테인리스로 만든 밥공기의 규격을 정해 주고 이것을 위반하면 영업을 정지시켰대. 이런 엄격한 규제를 통해서 우리나라 사람들의 밥 먹는 양이 점차 줄었다고 해.

 많이 먹어도 늘 배가 고팠던 아귀는 살아 있을 때 너무 많이 먹던 습관 때문에 더 배가 고팠던 것은 아니었을까?

붉은 팥은 무섭지만 팥죽은 먹고 싶어

뜨끈한 안방 아랫목에 엉덩이를 깔고 앉은 삼신할머니는 김이 모락모락 나는 팥 시루떡 접시를 앞에 두고 못내 아쉬운 표정으로 중얼거렸어.

"하필 오늘이 애동지일 게 뭐람. 시루떡은 상달에도 실컷 얻어먹었구먼. 내가 동지를 얼마나 기다렸는데. 아쉽다, 아쉬워."

삼신할머니가 입맛을 다시면서 떡이 올라간 상을 밀어낼 때 안방 문을 벌컥 열고 오복이가 들어왔어. 올해 일곱 살이 된 오복이는 아침 해가 뜨자마자 집을 나가 저녁 해가 뒷산으로 꼴깍 넘어가야 집으로 들어오는, 항상 놀기에 바쁜 아이였어.

노느라 거의 굶고 다니던 오복이는 떡을 보자마자 달려들었어. 땟국물이 줄줄 흐르는 손으로 시루떡을 덥석 집어서 한 입 베어 물었지. 그 바람에 팥고물이 방바닥에 후드득 떨어졌어.

"이 녀석아, 너도 이제 일곱 살이나 되었는데 그만 놀고 글공부도 해야지. 얼굴이 꽁꽁 얼어서 이게 뭐야."

삼신할머니는 인자한 눈빛으로 오복이의 얼어 터져서 붉어진 볼을 토닥였어. 하지만 오복이에게 삼신할머니의 걱정은 들리지 않는지 오목이는 바닥에 떨어진 팥고물을 무릎으로 짓이기면서 떡 먹는 데 열중하고 있었어. 사실 삼신할머니는 안방에 사는 신이여서 오복이에게 삼신할머니의 목소리가 들리지 않았지. 삼신할머니는 아이를 세상에 태어나게 해 주고 아프지 않게 돌봐 주는 역할을 하는 가신이었어. 안방 아랫목에 머무르면서 그 집안 아이들을 일곱 살이 되는 해까지 돌보았다고 하는데, 오복이는 올해가 딱 일곱 살이 되는 해라 삼신할머니가 떠나야 하는 날이 머지않았지.

"이 할머니가 떠나도 건강하게 잘 자라야 하는데 걱정이 많구나."

삼신할머니는 오복이의 곁을 떠나는 것이 무척 아쉬웠어.

"엄마! 엄마!"

수북하게 쌓인 시루떡 한 접시를 게 눈 감추듯 먹어 치운 오복이가 다급하게 엄마를 불렀어. 그러자 안방에서 부엌으로 통하는 작은 문을 열고 부랴부랴 오복이의 엄마가 들어왔어.

"왜? 무슨 일이야? 귀신이라도 봤어?"

오복이는 능글맞게 씩 웃으면서 물었어.

"오늘 동지인데 왜 팥죽이 없어요?"

엄마는 방바닥에 짓이겨진 팥고물을 손바닥으로 쓸어내면서 말했어.

"동지는 맞는데, 아기 동지라 팥죽은 먹지 않아."

"아기 동지는 뭔데요? 난 시루떡보다 팥죽이 더 좋은데."

오복이의 말에 곁에 앉아 있던 삼신할머니도 장단을 맞췄어.

"나도 나도."

어머니는 쓸어낸 팥고물을 접시에 모아 담으며 말했어.

"올해 동지는 날이 빨라서 아기 동지라고 하는데, 아이 있는 집에서는 팥죽을 먹지 않아. 아기 동지에 팥죽을 쑤면 삼신할머니 귀신이 놀라서 도망가 버릴지도 모른대. 그럼 우리 오복이는 누가 보살펴 주겠니."

"에이, 엉터리!"

오복이와 삼신할머니가 입을 모아 외쳤어.

"귀신이 붉은 팥을 무서워하잖아. 동지는 일 년 중에 밤이 가장 긴 날이라서 그만큼 귀신들이 많이 다니는 날이래. 집에 나쁜 귀신이 들어오면 안 되니까 귀신이 무서워하는 팥죽을 쒀서 귀신을 막는 거야. 그런데 삼신할머니도 나쁜 귀신은 아니지만 귀신이잖아. 아기 동지에는 삼신할머니를 위해서 팥죽대신 시루떡을 해먹어야 한대."

오복이와 삼신할머니의 입이 동시에 삐죽 나왔어.

"난 그래도 새알심 동동 뜬 팥죽이 먹고 싶은데."

오복이의 말에 삼신할머니도 맞장구쳤어.

"나도 붉은 팥은 무섭지만 팥죽은 먹고 싶어."

오복이와 삼신할머니는 빈 시루떡 접시를 보며 입맛을 다셨지.

농사를 짓고 살던 우리 조상들은 일 년 열두 달을 이십사절기로 나누어서 절기에 맞춰 밭을 갈고 씨를 뿌리고 농작물을 거두고 바쁘게 살았어. 이십사절기는 지금 우리가 쓰는, 해를 따르는 양력이 아니라 달의 움직임을 따라 시간을 계산하는 음력을 따라 정했는데, 동지는 음력 11월로 옛날에는 '작은 설'로 불릴 만큼 중요한 명절이었다고 해.

동지는 일 년 중에 해가 가장 짧고 밤이 긴 날이라 귀신이 많이 나타난다고 믿어서 귀신을 쫓는 붉은 팥으로 죽을 끓여 먹었어. 팥죽을 가신들에게 올리기도 하고 대문과 벽에다 뿌리기도 했는데 이런 풍습이 집으로 들어오려는 나쁜 귀신을 막는다고 생각했대.

조선 시대 영조 대왕이 이 풍습을 금지시켰는데, 백성들이 먹을 것도 부족한데 팥죽을 여기저기 뿌리는 것을 안타까워한 이유였다고 해.

영조 대왕은 어머니가 돌아가신 동짓날 거리에 다니는 노인들과 거지들을 데려다가 따뜻한 팥죽을 대접했대. 한겨울 기나긴 밤 추위와 배고픔에 떨던 거지들에게는 따뜻한 팥죽 한 그릇이 고단한 몸과 서러운 마음을 위로해 준 귀한 음식이었을 거야.

이렇게 동지와 떼려야 뗄 수 없는 팥죽을 쑤지 않는 동짓날도 있었어. 동지가 음력으로 11월 1일부터 10일 사이에 오면 아기 동지 또는 애동지라고 하고, 11일부터 20일 사이에 오면 중(中) 동지, 21일부터 말일 사이에 오면 늙은 동지라고 해서 노(老) 동지라고 불렀대.

애동지에는 어린아이가 있는 집에서는 팥죽을 먹지 않았다고 해. 그 이유는 안방에 머물면서 아이들을 지켜 주던 가신인 삼신이 팥죽을 무서워해서 달아나 버린다고 믿었기 때문이래. 팥죽 대신에 팥 시루떡을 만들어서 먹었다는데, 사실 팥죽이나 팥떡이나 모두 붉은 팥으로 만든 것이잖아. 가신들을 모시는 고사를 지내거나 동짓날 팥죽을 쑤어 가신들에게 바치는 풍습도 있었는데, 애동지라고 가신들이 팥죽을 무서워했을까? 어쩌면 삼신할머니도 따뜻한 팥죽 한 그릇을 그리워하지 않았을까 싶어.

 재미있는 역사 지식

삼신할머니는 어떻게 대접했을까?

아기가 태어나고 자라는 것을 관장하던 삼신할머니는 아이가 주로 머무는 안방에 모셨는데, 다른 신들과 달리 '삼신상'이라고 하는 상을 차려 대접했어.
아기를 낳는 과정부터 키우는 일까지 모든 일에 감사하는 마음으로 쌀밥과 미역국, 깨끗한 물을 소박하게 차려서 아이가 태어난 뒤 3일, 7일, 14일, 21일이 됐을 때 올렸으며 아이가 아무 탈 없이 잘 자라게 해달라는 기도나 절을 하기도 했대.

무속도

아이의 출산과 성장을 관장하는 삼신을 그린 그림이다.
화폭에 선관도사와 삼신할머니가 그려져 있다.

출처 국립 중앙 박물관
명칭 무속도 **국적/시대** 한국-광복이후
용도/기능 종교신앙-민간신앙-무속신앙 **소장품 번호** 민속050599

그 이름도 높으신 마마 귀신

한 선비가 길을 가는 중 어느 낯선 마을을 지나게 되었어. 날이 저물어 하룻밤 쉬어 갈 곳이 필요했던 선비는 으리으리한 기와집의 문을 두드렸지.

"이리 오너라."

안에서 하인인 듯 보이는 늙은 남자가 나와 허리를 굽혔어.

"무슨 일인지요?"

"하룻밤 신세를 질 수 있는지 집주인께 여쭤보시게."

하인은 집 안으로 들어갔다가 난처한 얼굴을 하고 나왔어.

"이 댁 어린 아드님께서 마마에 걸리셔서 손님을 받을 형편이 아니지만, 이 근처에 다른 집이 없으니 하인들이 머무는 바깥채라도 괜찮으시면 그곳에 묵으라고 하십니다."

선비는 기와집에 딸린 허름한 바깥채에 머물게 되었어. 오래 걸어서 그런지 초라한 잠자리가 푹신한 비단 이불처럼 느껴져서 금세 잠이 들었지.

"이보게, 자는가? 내 말 좀 들어 보시게."

잠결에 눈을 뜬 선비 앞에 백발을 늘어뜨린 낯선 노인이 앉아 있었어. 노인은 백발만큼 새하얗고 풍성한 눈썹을 위아래로 들썩이며 말했지.

"이놈의 집구석 인색하기 짝이 없지 않나? 곳간에 소고기에 곶감에 꿩까지 잔뜩 숨겨 두고 손님한테는 하나도 내놓지 않는다네. 자네도 손님인데 이런 누더기 같은 이불을 주다니 너무 성의가 없지 않은가. 내가 괘씸해서 이 집 어린 아들을 죽일까 하네."

선비는 이 집 아들이 마마에 걸렸다는 게 떠올랐어.

'아차, 이놈이 바로 마마 귀신이로구나.' 선비는 노인이 마마 귀신이라는 것을 알아차리자 귀신을 달래 보기로 했어.

"손님께서 화가 나신 것은 충분히 이해합니다. 하지만 아이가 무슨 죄가 있겠습니까? 제가 주인장에게 말해서 손님 대접을 다시 하라고 하면 어떨까요?"

마마 귀신은 하얀 눈썹 아래 길게 찢어진 눈을 부라리며 말했어.

"어림도 없는 소리! 나는 당장 이집 아들을 죽여 데려갈 것이네."

선비는 마마 귀신의 하늘하늘한 도포 자락에 매달렸어.

"손님, 그렇다면 똑같이 푸대접을 당한 저를 봐서라도 딱 하루만 시간을 주십시오."

선비는 매몰차게 뿌리치는 마마 귀신의 도포 자락을 잡고 놓아주지 않았어. 첫닭이 울자 선비가 끈질기게 붙잡고 있던 마마 귀신의 도포 자락은 누더기 이불로 변해 있었어.

꿈인지 생시인지 모를 마마 귀신과의 만남을 뒤로하고 선비는 집주인에게 달려갔어.

"내가 이 집 아들의 병을 고치는 방법을 알고 있소."

아들의 깊은 병으로 수척해진 집주인에게 선비가 말했어.

"이 집에 꿩이 있는가요? 아들을 죽이기 싫으면 당장 꿩하고 소고기, 곶감을 내오시오."

집주인은 당황했지만 죽어가는 아들을 살릴 방법이라고 하니 지푸라기라도 잡는 심정으로 선비의 말에 따라 두 개의 상을 차렸어.

"자, 이만하면 대접이 후한듯하니 노여움 푸시고 듭시다. 어린아이 하나 잡아 간다고 뭐가 좋겠습니까."

상 하나를 차지하고 앉은 선비는 다른 상에 수저를 놓아주며 누가 마주 보고 앉아 있는 듯 말했어. 집 안 사람들은 선비의 행동이 기이했지만 아픈 아이를 낮게 해 준다니 믿고 지켜보았지. 선비가 상에 차려진 음식을 모두 먹어 치우고 수저를 내려 놓았어. 그러자 놀랍게도 다른 상에 놓여 있던 수저가 동시에 딸그락 소리를 내며 바닥으로 떨어지는 게 아니겠어. 사람 눈에 보이지 않는 마마 귀신이 보내는 만족스럽다는 신호였어.

"이제 손님을 잘 대접했으니, 아이의 병이 나을 것입니다."

선비의 말이 끝나자 마마에 걸려 아무것도 먹지 못하고 누워 앓던 아이가 언제 아팠냐는 듯이 벌떡 일어나 말했어.

"어머니, 저는 왜 곶감 안 주세요? 저도 곶감 주세요."

이 이야기는 《천예록》에 나온 마마 귀신 이야기로, '마마'라고 불리며 병을 옮기던 귀신이야. 마마는 천연두라는 질병을 말하는데, '마마'라는 말이

상감마마, 중전을 중전마마라고 불렀던 것을 보면 알 수 있듯이 주로 입에 올리기도 두려울 정도로 높은 사람을 부르던 말이거든.

천연두는 걸리면 죽거나 겨우 살아남아 낫더라도 평생 얼굴이 흉터 자국을 가지고 살아야 하는 무서운 질병이라 함부로 병 이름을 부르지 못하고 마마라고 부른 데서 유래했다고 해. 지금은 사라진 것으로 여기는 병이지만 약이 없던 때에 천연두는 지독한 전염병이었어. 천연두가 한 마을을 휩쓸고 지나가면 마을 사람 반 이상이 목숨을 잃었던 공포의 전염병이기 때문에 사람들은 마마는 못된 귀신이 옮긴다고 믿었어.

재미있는 역사 지식

귀신 이야기는 어떻게 전해졌을까?

그 많은 귀신 이야기는 어떻게 오늘날까지 전해졌을까? 할머니의 할머니가 손자들에게 대대로 전해 주었던 이야기도 있을 테고 이런 이야기들을 엮어 만든 《어우야담》이나 《천예록》, 《청구야담》과 같은 책으로 전해지기도 했지. 그리고 '전기수'라고 하는 이야기꾼의 입으로 전해 내려오기도 했어. 조선에 있었던 직업인 전기수는 글을 모르는 백성들에게 책을 읽어 주는 사람이었어. 전기수는 장날같이 사람이 많이 모이는 날에 구경꾼들을 모으고 책을 읽어 주거나 책의 내용을 연극하듯이 실감나게 이야기해 주어서 많은 인기를 끌었지. 전기수는 영웅 이야기, 효자 이야기 등 여러 가지 이야기를 했는데 사람들에게 가장 인기가 많던 이야기가 귀신 이야기였다고 하니 전기수를 통해 귀신 이야기가 많이 전해졌다고 할 수 있겠어.

잔칫집에 나타난 두억시니

옛날 어느 마을에 벼슬을 꽤 했다는 부잣집에서 잔치가 열렸어. 마을 사람뿐 아니라 옆 마을 사람들, 먼 곳에서 온 사람들로 집 안이 북적거렸지. 고소한 음식 냄새가 담을 넘었고 사람들의 웃음소리 말소리로 마을 전체가 흥청거렸어.

옛날에는 부잣집에서 잔치를 하면 온 마을의 잔치였거든. 마을 사람이 모두 그 집에 가서 잔치를 도와 음식을 만들고 집주인은 온 마을이 먹고 남을 만큼 넉넉한 음식을 마련해서 베푸는 것이 당연하다고 여겼지.

잔치가 무르익을 즈음 지저분하게 떡이 진 더벅머리에 초라한 차림을 한 열 대여섯 살 정도의 남자아이가 잔칫집 대문을 넘어왔어. 행색을 보면 어느 집 애머슴(남의 집에서 일을 하면서 새경으로 돈을 받던 낮은 신분의 사내아이)정도로 여길 수 있는 평범한 아이라서 사람들은 아이를 눈여겨보지 않았지.

그런데 이 아이가 주인이 손님을 맞이하고 있는 안방으로 성큼성큼 들어가는 것이 아니겠어? 신분이 높고 낮음이 분명하게 있었던 시절이라 아이같이 신분이 낮은 차림을 한 사람은 양반들의 안방에 마음대로 들어 갈수 없었는데 말이지.

그제야 사람들은 아이의 황당한 행동을 보고 놀랐어.

"이놈! 너는 누구인데 감히 내 집 안방에 함부로 들어오는 것이냐?"

주인 양반은 아이를 향해 들고 있던 곰방대를 휘두르며 꾸짖었어.

"뉘 집 머슴이 저렇게 버릇이 없나? 아무래도 크게 혼이 날 것 같구먼."
이를 지켜보는 사람들이 웅성거렸지. 하지만 아이는 입을 꼭 다문 채 안방에 차려진 음식상 앞에 털썩 주저앉았어. 주인 양반을 비롯한 손님들이 아이의 무례한 행동에 화를 냈어.

"이놈 이게 무슨 고약한 짓이냐? 어서 썩 물러가지 못할까?"

모두 혀를 차고 화를 냈지만 아이는 눈썹 하나 움찔하지 않았어. 그러자 참다못한 주인 양반이 들고 있던 곰방대로 아이의 머리를 때렸어.

"이런 쇠귀신 같은 놈을 보게. 여봐라. 이놈을 당장 끌어내거라!"

주인 양반의 말이 떨어지자 하인들이 우르르 몰려와 아이를 끌어내려고 했어. 그런데 이상한 일이지. 덩치 좋은 머슴 여럿이 달라붙어 끌어내려고 힘을 써도 아이는 꿈쩍도 하지 않았어. 마치 거대한 바위처럼 말이야.

결국에는 머슴, 양반 할 것 없이 너도나도 달려들어 아이를 끌어내려고 힘을 보았지만, 소용이 없었어. 그 많은 사람이 아이의 머리카락 한 올도 다치게 하지 못했거든.

"안 되겠다. 매 앞에 장사가 없다지? 저놈을 매우 쳐라."

주인 양반의 명령이 떨어지자 머슴들이 몽둥이를 가져와 아이를 향해 휘둘렀어. 몽둥이가 아이의 등을 때리자 천둥 같은 소리가 나며 머슴들이 나가떨어졌어. 그러자 다들 겁을 집어먹었지. 아이가 보통 사람이 아니라는 것을 깨달은 거야. 주인 양반은 눈물까지 글썽이면서 아이 앞에 무릎을 꿇고 절을 했어.

"제가 몰라뵙고 큰 실례를 범했습니다. 부디 용서하시고 함께 잔치를 즐겨 주십시오."

입을 꾹 다물고 있던 아이가 그제야 비로소 빙그레 웃었어. 그러고는 말없이 자리에서 일어나 밖으로 걸어 나갔지. 사람들은 아이가 사라지자 잔치고 뭐고 헐레벌떡 각자의 집으로 돌아가기에 바빴어.

그 뒤 며칠이 흐르고 잔칫집에 있던 사람들에게 전염병이 돌기 시작했어. 아이를 몽둥이로 때리려고 했던 주인 양반과 머슴들부터 전염병에 걸려서 머리가 깨진 채 죽어 나갔고 그날 잔칫집에 있었던 사람들이 모두 전염병에 걸려 죽고 말았대.

잔칫집에 나타난 아이의 정체는 바로 전염병을 옮기는 '두억시니'라는 귀신이었어.

두억시니는 야차라고도 불렀는데, 머리를 짓누르는 귀신이라는 뜻이 있대. 포악한 성격으로 머리카락은 불이 붙은 듯 엉켜 있는데 《천예록》에는 전염병을 옮기는 귀신으로 기록되어 있어. 성질이 고약하고 못된 귀신이지만 미리 대접하고 굽실거리면 병을 옮기지 않았다고도 해. 이런 이야기가 생겨난 이유는 전염병에 미리 대비하고 조심하라는 뜻이 아닐까 싶어. 대접을 소홀히 받아서 화가 났던 마마 귀신과 두억시니 이야기를 보면 우리

조상들이 집에 찾아오는 손님을 어떻게 생각했는지를 짐작할 수 있어. 누가 됐던 간에 집에 찾아오는 손님을, 그것이 비록 전염병을 옮기는 귀신이라고 할지라도 극진히 대접해서 보내면 뒤탈이 없다고 생각했기 때문에 손님 대접에 정성을 다했다고 해.

'흥청거리다'라는 말은 어떻게 생겼을까?

흥청거리다는 흥에 겨워서 거드럭거리는 모습이나 재산을 아끼지 않고 함부로 쓴다는 뜻으로 쓰이는 말인데, 흥청(興淸)은 원래 운평(運平)이라는 조선 시대 기생(잔치에서 노래나 춤 등으로 흥을 돋우는 직업을 가진 여자)제도에서 나온 말이야. 전국 각지에서 뽑혀 대궐에 들어온 기생을 흥청이라고 했는데, 조선 10대 왕이었던 연산군이 궁에 흥청들을 모아놓고 잔치를 벌이면 그 소리가 시끄럽고 요란했다고 해. 그래서 '흥청거리다'라는 말이 생겼고, 백성들의 어려운 생활은 돌보지 않고 기생들과 놀기만 하던 연산군이 결국 망해서 쫓겨났다고 해서 '흥청망청'이라는 말이 생겼대.

눈사람이 된 소금 장수와 어린 딸

함박눈이 내리던 어느 겨울날, 희끗희끗한 눈길에 발자국 두 쌍이 사이를 두고 하나둘 찍히고 있었어. 앞서는 커다란 발자국 주인은 지게 위에 몸집보다 큰 등짐을 진 남자였고, 뒤를 따르는 자그마한 발자국의 주인은 예닐곱 살 정도로 보이는 여자아이였어.

한겨울의 사나운 날씨에 비해 아이의 옷차림은 얇고 허술했어. 조그만 발에 꿰신은 짚신도 낡아서 발가락이 드러날 정도였기 때문에 눈길을 걷는 모습이 무척 힘겨워 보였어.

"아버지, 멀었어요? 발이 아프고 추워서 더는 못 가겠어요."

걸음을 재촉하던 아버지가 딸의 목소리를 듣고 돌아보았어.

"조금만 가면 마을에 도착한단다. 힘들면 아버지가 업어 주랴?"

아이는 손사래를 쳤어.

"아니에요. 등에 메고 계신 소금도 무겁잖아요."

아버지는 소금 자루가 든 지게를 바닥에 내려놓고 딸아이를 업었어.

"저기 보이는 나무 아래서 조금만 쉬다가 마을로 들어가자. 아버지도 오래 걸었더니 힘이 들구나."

소금 장수는 마을 입구의 커다란 느티나무 아래에 딸아이를 앉혔어.

겨울이라 가지뿐인 나무였지만 빽빽하게 뻗은 나뭇가지가 내리는 눈을 조금은 막아주는 것 같아서 이상하게도 포근한 기분이 들었지.

어둑어둑 땅거미가 내려앉은 마을이 아이의 눈에 보였어. 집마다 저녁밥을 짓느라 굴뚝으로 연기가 모락모락 피워올랐지. 아이의 배에서 꼬르륵 물 흐르는 소리가 났어.

"우리 딸 배가 고픈 모양이구나. 오늘은 저 아랫마을에서 하룻밤 머물도록 하자. 소금을 팔면 따뜻한 밥도 먹고 잠자리도 구할 수 있을 거야. 잠깐만 여기서 기다려. 아버지가 얼른 가서 소금 자루 가져올게."

"네, 아버지. 조심히 다녀오세요."

아버지는 딸아이를 업느라 놓고 온 소금 자루를 가지러 걸음을 재촉했어.

딸아이는 느티나무 가지 사이로 내리는 눈을 바라보았어. 눈은 아버지가 파는 소금 같아 보이기도 하고 포실포실 백설기처럼 보이기도 했어. 백설기 닮은 눈이 느티나무 가지에 소복이 내려앉는 모습을 보고 있자니 졸음이 밀려왔어. 아이는 눈을 비비며 졸음을 쫓아내려고 했지. 추운 곳에서 잠들면 얼어 죽는다고 입버릇처럼 말하던 아버지의 당부가 떠올랐기 때문이야.

"잠들면 안 돼."

눈을 비비며 혼잣말을 하는 아이 앞에 고운 옷을 차려입은 여자가 나타나 말을 걸었어.

"아가, 추운데 왜 혼자 있니? 나하고 따뜻한 곳으로 가자."

여자는 인자한 미소를 지으며 아이에게 손을 내밀었어.

"안 돼요. 아버지를 기다려야 해요."

아이는 여자의 손을 뿌리쳤어.

"나하고 같이 가면 춥지도 않고 배고프지도 않을 텐데. 우리 먼저 가 있으면 아버지도 따라오실 테니 걱정 하지 마라. 예쁘고 따뜻한 옷도 많고 맛있는 음식도 많단다."

온종일 제대로 된 음식 구경을 못 한 아이는 음식 이야기에 솔깃했어.

"정말요? 혹시 백설기도 있어요? 제가 제일 좋아하는 떡이거든요."

여자는 아이의 머리를 쓰다듬으며 말했어.

"그래, 백설기도 많이 있지. 나랑 같이 가자."

아이는 아버지가 걸어간 길을 한 번 돌아보고는 여자의 손을 잡았어. 여자의 손은 아이의 얼음장같이 꽁꽁 언 작은 손을 녹여 줄 만큼 따뜻했어.

"아줌마 손이 참 따뜻해요. 꼭 돌아가신 우리 엄마 손 같아요."

여자는 아이의 손을 맞잡고 무릎을 굽혀 눈을 맞췄어.

"엄마가 많이 보고 싶었지? 엄마도 곧 만날 수 있단다."

"정말요?"

여자는 고개를 끄덕이며 아이의 손을 잡고 눈길을 걸었어.

유난히 눈이 많이 오던 밤이 지나고 날이 밝았어. 소금 장수 딸이 쉬어갔던 느티나무 가지는 내린 눈이 무거운지 툭툭 눈덩이를 털어 내고 있었어.

가지에서 떨어진 눈이 나무 아래 언제 만들어 놓았는지 모를 눈사람 위로 떨어졌지.

그 바람에 눈사람 위에 쌓인 눈이 바닥으로 흩어지고 눈사람의 형체가 드러났어. 그것은 눈사람이 아니라 지난밤 추위와 배고픔에 얼어 죽은 소금 장수 딸과 죽은 딸을 안고 울다가 같이 하늘나라로 간 소금 장수였어.

뒤늦게 얼어 죽은 소금 장수 부녀를 발견한 마을 사람들은 장례를 치러 주고 이 느티나무 옆에 돌을 쌓아 주었어. 얼어 죽은 소금 장수 딸이 이불을 덮고 편안하게 쉬라는 뜻으로 너도나도 돌을 쌓아서, 큰 돌무덤이 만들어졌지. 그 뒤부터 그 자리를 지나가는 사람들은 그냥 지나치지 않고 꼭 돌을 쌓아 주어서 그곳이 마을을 지키는 서낭신을 모시는 서낭당이 되었다고 해.

옛날에는 소금을 등짐에 지고 마을마다 찾아다니면서 팔던 소금 장수가 있었어. 이들은 소금이나 멸치를 사서 여기저기 돌아다니며 쌀이나 보리로 맞바꾸어 근근이 살아가던 사람들인데 때론 돌봐 줄 사람이 없어 어린 자식들을 데리고 다니기도 했대.

소금 장수는 여러 곳을 돌아다니면서 많은 것을 보고 이야기를 들어서 그런지 숱한 이야기의 주인공이 되기도 했는데, 한 소금 장수가 딸과 함께 다니며 소금을 팔다가 쓰러져 죽은 자리가 서낭당이 되었다는 전설이 전해지고 있어.

소금 장수 이야기뿐 아니라 서낭당이 생겨난 유래에 대해 지역에 따라 여러 가지 이야기가 전해지는데, 이런 전설이 생겨난 것은 서낭당에 전설이나 이야기를 만들어 의미를 두고 사람들이 이것을 믿고 지켜 나가길 원하는 이유가 아닐까 해.

소금 장수 사진엽서

일제 강점기 소금 장수 모습.

출처 국립 민속 박물관
명칭 제염운반(製鹽運搬) 사진엽서　**소장품 번호** 민속 93890

 재미있는 역사 지식

소금 장수는 소문난 이야기꾼이자 이야기의 주인공이었다

소금 장수는 값나가는 물건을 짊어지고 여러 지역을 돌아다니며 팔던 상인인 보부상이었어. 보부상들이 주로 가지고 다니던 진귀한 물건은 부잣집에서나 살 법한 물건이지만 소금은 부자들뿐 아니라 일반 서민에게도 꼭 필요한 물건이기 때문에 소금 장수는 소금을 필요로 하는 여러 곳을 다니면서 다양하고 많은 사람을 만나는 직업이었지. 소금 장수는 돌아다니면서 겪고 보거나 들은 이야기를 재미삼아 사람들에게 전했는데 때로는 자신이 주인공이 되어 꾸며진 무용담을 펼치면서 소금을 팔기도 했대. 주로 사람들이 듣고 싶어 하고 좋아하는 이야기가 무서운 이야기였기 때문에 이야기꾼인 소금 장수가 등장하는 무서운 이야기가 많이 전해진다고 해.

귀신이 주렁주렁, 서낭당을 지날 때는 침을 세 번 뱉어라!

　옛날 서낭당은 마을이 시작되는 입구나 마을이 내려다보이는 고갯마루에 자리하고 있어서 그 마을의 시작이자 상징이었어. 서낭당의 모습은 마을마다 조금씩 달랐는데 소금 장수 전설처럼 오래된 나무 아래 돌무덤을 쌓아 만들기도 했고, 나무 자체가 서낭당이 되어 천 조각을 늘여 놓거나 금줄을 매어 놓기도 했고, 나무 아래 장승을 세우기도 하고, 작은 집을 지어 서낭당을 만들기도 하는 등 여러 가지 형태가 있었어.

　서낭당은 한 마을과 땅을 지켜 주는 신인 서낭신을 모시는 곳이야. 서낭신은 성황신이라고도 부르던 마을의 수호신이지. 마을에 전염병 같은 나쁜 일이 일어나지 않도록 돌봐 주고 마을 사람들이 편안하고 건강하게 살 수 있도록 돕는 신이라고 믿었어. 또한 마을에 나쁜 귀신이 들어오지 못하도록 막는 역할을 한다고도 생각했지.

영화나 드라마에서 나무에 빨강 파랑 노랑색 등 오색 천이 매달린 큰 나무를 본 적이 있니? 몇백 년 동안 마을을 지킨 나무는 신령한 기운을 가지고 있다고 해서 함부로 베지 않았고, 이런 나무들이 서낭당 역할을 하기도 했어. 마을로 들어오려는 나쁜 귀신이 이 서낭신의 나무에 덜미를 잡혀서 주렁주렁 매달려 있는 상상을 하면 왠지 등골이 오싹하지 않니? 생각할수록 으스스한 서낭당을 지날 때면 사람들이 꼭 지키던 풍습이 있었어.

'서낭당 돌무덤에 돌 세 개를 얹고 침을 세 번 뱉고 지나가라.'

 누가 시킨 것도 아닌데 너나 할 것 없이 서낭당에서 똑같은 행동을 했어. 이런 기이한 행동을 하는 이유는 무엇이었을까?

 돌을 세 개 얹고 세 번 절을 하면 재수가 좋고, 침을 세 번 뱉으면 혹시나 달라붙었던 귀신이 떨어져 나간다고 믿었기 때문이래. 옛날 사람들은 나쁜 일이나 질병에 걸리는 일이 다 귀신 때문이라고 생각해서 귀신이 달라붙으면 병에 걸려 죽을 수도 있다는 막연한 두려움을 가지고 있었거든. 같은 행동을 세 번 하는 이유는 우리 조상들은 '3'이라는 숫자를 좋아해서 행운을 가져다준다고 생각했기 때문이었지. 결국 나쁜 기운을 물리치고 복을

받기 위한 행동이라고 할 수 있었지.

　서낭당이나 산에 돌을 쌓으며 소원을 비는 것은 요즘 등산객들도 하는 일이야. 이 돌무덤들이 조선 명종 임금 때 전쟁을 대비해서 돌을 쌓아 놓은 것이라는 말도 있지만, 돌무덤에 돌을 얹고 소원을 비는 풍습은 아주 오래전부터 이어져 온 풍습이었어.

　마을을 지켜 주던 서낭당에서는 날짜를 정해서 마을 사람들이 다 함께 서낭제를 지내기도 했어. 주로 음력 1월 15일 정월 대보름이나 음력 5월 5일 단오, 음력 9월 9일 중양절 등 의미 있는 날에 모여 제사를 지냈지. 1970년대 새마을 사업으로 마을과 마을을 연결하는 길이 넓어지고 고개가 깎이는 바람에 서낭당이 많이 사라졌지만, 지금도 많은 지역에서 '서낭제'나 '별신굿' 등의 이름으로 서낭제가 열리고 있어. 서낭신은 고대부터 현재까지 오랜 시간 이어지고 있는 토속 신앙이야. 마을 사람들이 함께 제사를 지내고 준비한 음식을 나눠 먹으며 잔치처럼 함께 어울리는 행사라는 점에서 앞으로도 계속 이어졌으면 하는 문화이기도 해.

재미있는 역사 지식

금줄은 왜 매었을까?
조상들은 서낭당이나 장독대, 우물, 아이가 갓 태어난 집 등에 금줄을 매어 두었어. 금줄은 짚을 꼬아 만든 새끼줄에 여러 가지 물건을 끼운 것을 말하는 데, 보호의 목적으로 쓰였대. 보통의 새끼줄은 오른쪽으로 꼬아 썼지만, 금줄을 만드는 새끼줄은 귀신이 싫어한다는 이유로 왼쪽으로 꼬아서 사용했대. 왼쪽으로 꼰 새끼줄에 불을 상징하는 숯, 붉은색의 고추, 빛의 신성함을 지닌 한지 등 귀신이 두려워하는 물건을 끼워서 만든 금줄은 나쁜 기운이나 귀신이 접근하지 못하도록 막는 역할을 했어. 특히 아기가 갓 태어난 집에 금줄을 걸었는데, 귀신뿐 아니라 외부 사람들이 함부로 집 안에 출입하지 못하도록 해서 아기와 엄마를 보호하려는 의미였어.

서낭당

성황당(城隍堂)을 찍은 흑백사진.
석남 송석하(1904~1948) 선생이 수집한 사진 자료임.

출처 국립 민속 박물관
명칭 서낭당　**소장품 번호** 석남 440

성황당

성황당(城隍堂)을 찍은 흑백사진.
석남 송석하(1904~1948) 선생이 수집한 사진 자료임.

출처 국립 민속 박물관
명칭 성황당(城隍堂), 서낭당 **소장품 번호** 석남 1081

금줄

경남 고성의 한 마을에서 돌에 금줄을 친 모습.

출처 국립 중앙 박물관
명칭 사료조사3 경남고성 돌에 금줄 친 모습   **원판번호** 130126

신기방기 전통문화: **풍속과 신앙**
귀신 쌋나락 까먹는 무서운 이야기

초판 1쇄 발행 2022년 6월 27일
초판 5쇄 발행 2023년 11월 20일

글 정윤경 그림 최선혜
편집 김숙진
디자인 손현주
펴낸이 김숙진·정용희

펴낸곳 (주)분홍고래
출판등록 2013년 6월 4일 제2021-000294호
주소 서울시 마포구 모래내로1길 17 상암퍼스티지더올림 911호
전화번호 070-7590-1961(편집부) 070-7590-1917(마케팅)
팩스 031-624-1915
전자우편 p_whale@naver.com
분홍고래 블로그 blog.naver.com/p_whale

© 정윤경·최선혜 2022

ISBN 979-11-85876-89-4 73910

* 책값은 뒤표지에 표시되어 있습니다.

품질경영 및 공산품 안전관리법에 의한 품질 표시
품명 어린이 도서 | **제조년월일** 2023년 11월 | **사용연령** 8세 이상
제조자명 (주)분홍고래 | **제조국** 대한민국 **연락처** (070)7590-1961

※경고 : 3세 이하의 영·유아는 사용을 금합니다. 종이에 베이거나 긁히지 않도록 조심하세요. 책 모서리가 날카로우니 던지거나 떨어뜨리지 마세요.

귀신 쫓는 놀이

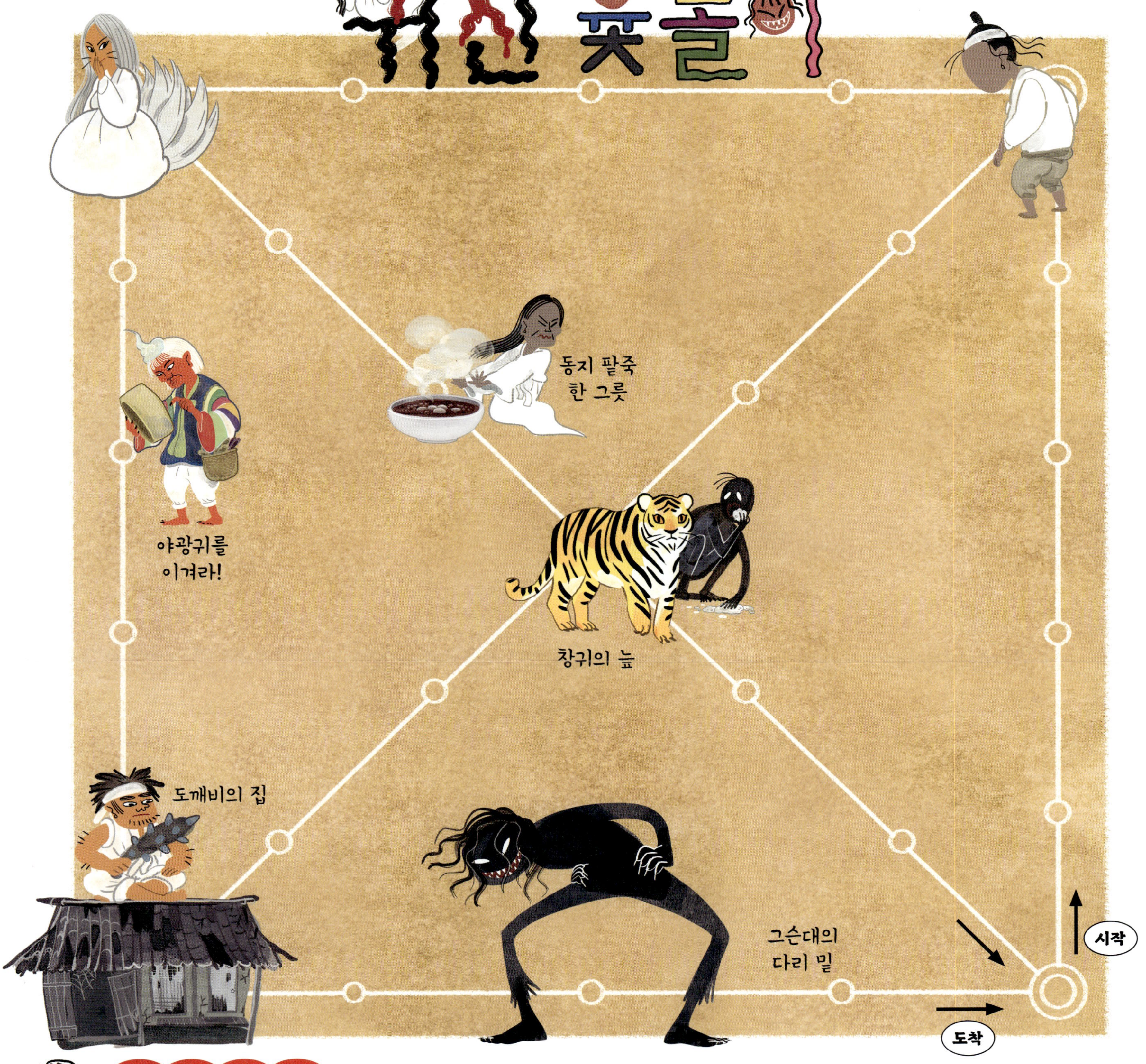

귀신쫓음이 방법

청귀의 눈
청귀에게 걸리면 다른 말이 와야 빠져나올 수 있으며, '말' 나 '꽃'이 나오면 빠져나올 수 있다.

동지 팥죽 한 그릇
귀신을 물리치는 팥죽으로, 귀신을 물리친 팥죽 한 그릇 덕에, "동지 팥죽 한 그릇 뚝딱!"을 크게 외친다.

그슨대의 다리 밑
그슨대의 다리 밑에 걸리면 무조건 한 칸을 후진한다.

야광귀를 이겨라!
상대방이 내는 구구단을 맞히면 말 한 개를 얻을 수 있고, 틀리면 한 번 쉬어간다.

도깨비의 집
도깨비가 그려진 곳에 말이 도착하면 주문을 세 번 빠르게 외워야 한다. 성공하면 맞은 마지막 지점으로 돌아가 실패하면 처음 시작점으로 돌아가 다시 시작해야 한다.

주문: 도깨비 친구처럼 친숙하지 선물은 안 된단다? 선물은 안 된단다!

- **도**: 한 칸 앞으로 간다.
- **개**: 두 칸 앞으로 간다.
- **걸**: 세 칸 앞으로 간다.
- **윷**: 네 칸 앞으로 갈 수 있다. 그리고 한 번 더 던진다.
- **모**: 다섯 칸 앞으로 간다. 그리고 한 번 더 던질 수 있다.
- **뒷도**: 한 칸 뒤로 되돌아 간다.

  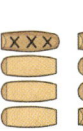 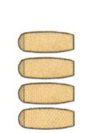 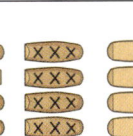 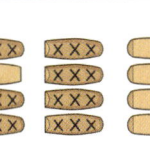  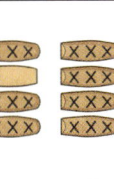  

달걀귀신

성별 확인불가
나이 확인불가
패션 아이템 패션에 관심이 없음, 주로 하얀 베옷을 입음
성격 표정이 없어 성격 파악이 쉽지 않음
특징 눈 코 입이 없이 달걀처럼 생긴 얼굴에 허리가 굽어 있음
전투력 ★★
특기 말을 걸어 오는 사람에게 병 옮기기

간단한 자기소개

나는 달걀귀신이라고 해. 평생 무거운 짐을 지고 고생만 하고 살던 이름 없는 사람들이 죽은 뒤 그 한이 만들어 낸 귀신이라고들 하지. 이름이 없어서 얼굴도 없는 거래.

몽달귀신

성별	남자
나이	보통 스무 살 전후지만 간혹 마흔 넘은 노총각 귀신도 있음
패션 아이템	냄새나는 무명옷, 가끔 윗옷을 풀어헤치고 다니기도 함
성격	상사병에 걸려 죽었기 때문에 뒤끝이 있는 성격이고 여자친구를 찾고 있음
특징	처녀들에게 자주 나타남, 간혹 얼굴이 없는 귀신도 있음
전투력	★★★
특기	여자들 놀라게 하기
별명	총각 귀신, 도령귀신

간단한 자기소개

나는 몽달귀신이라고 해. 사람들은 나를 삼태 귀신이라고도 부르고 도령귀신이라고도 부르지. 아, 총각 귀신이라고도 하더라. 내가 결혼을 하지 못하고 죽어서 그런 이름들이 붙은 것이겠지.

소심 귀신

- **성별** 남자
- **나이** 얼굴 주름과 차림새를 보아 노인으로 보임
- **키** 작고 아담함
- **패션 아이템** 얇은 베옷, 사시사철 베옷을 입어 늘 감기에 걸려 있음
- **성격** 할머니 할아버지 귀신들과 잘 어울림
- **특징** 겁이 많고 식탐이 많음
- **전투력** ★
- **특기** 잔소리, 부들부들 떨기
- **별명** 꼰대 귀신

간단한 자기소개

안녕! 나는 소심 귀신이라고 해. 나는 할머니 할아버지 귀신들 사이에서 요즘 너희가 말하는 '핵인싸'란다. 인기가 많아서 귀신들의 제삿날 제삿밥을 같이 먹으러 다니느라 늘 바쁘지.

성별 확인 불가
나이 네 살 이후로 헤아리지 못함
패션 아이템 색동저고리
성격 호기심이 많고 자신감이 넘침
특징 숫자 세기를 좋아하지만 넷까지 밖에 모르는 약점이 있음
전투력 ★★★
특기 아이들 신발 훔치기

간단한 자기소개

나는 이름도 멋진 야광귀라고 해. 나는 신발을 좋아해서 일 년에 하루 신발을 훔치려고 인간 세상에 내려오지. 옛날 아이들은 내가 신발을 훔쳐 갈까 봐 꼭꼭 숨겼는데, 요즘 아이들은 신발이 많아서 내가 가져가도 모르더라. 그래도 혹시 신발이 없어진 걸 발견한다면 내가 왔다 갔다고 생각해도 좋아.